我知道妳是怎麼剩下的？

Spinster Oops! Sisters

吳迪◎著

【編輯序】因為妳想剩下，所以妳被剩下

女人，生來浪漫。

一束玫瑰，便能化為丘比特之箭，射入她們最柔軟的心房；一場電影，便能變成玄妙的筆觸，將時間的剪影寫入生命的長卷；一句溫情的告白，是她們暢想童話生活的開始；一枚戒指，又能讓她們嚐盡愛情的甜蜜。一場幸福的婚禮，是上天為她們開啟的新生；一個新生兒的降臨，又讓她們品盡了母愛的酸澀艱辛。一路的相伴，是一場刻骨銘心的風花雪月。一生的相守，是對浪漫最好的詮釋。而這幸福的一切，不過是剩女們「甜蜜的憂傷」。

這些女人總在問：我什麼時候才能遇見對的他？

她們或者多金，獨立，或者初嚐失戀，無以寄託；或者「勞燕分飛」，或者「一無所有」。她們和很多人一起踏出人生的起跑線，可是在時間的長河中卻不知不覺跑丟了、落後了、放棄了。迷茫，失落，這種標籤她們貼了太久，她們開始接受別人的同情，開始將自己掩藏成受害者，開始變得多愁善感。

漸漸地，她們忘了自己來時的路，甚至將自己也忘了……

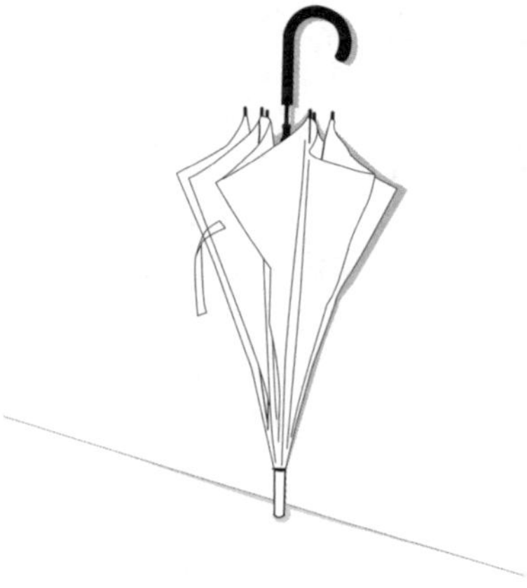

「我剩下了」，這是一句令很多女性難以啟齒的話語。它的殺傷力就好比在熙攘的人群投下一顆原子彈。傳統的中國女人被太多所謂的優良品德束縛，出得廳堂，下得廚房；三從四德，貞操觀念，相夫教子，大門不出，二門不邁……她們被這些教條綁架了。她們的不幸，又來源於所謂的「大幸」。她們多是來自獨生子女的家庭，擁有高薪的工作，可是，她們卻常常感到：幸福離得太遠……

在剩女們給吳迪的來信中流露了太多的抱怨，太多的世俗觀念，太多自認為所謂的「應該」。她們在異性面前，羞於推銷自己，又或者全都是對自己和家庭的自卑。她們聽信世俗的評價，擋不住流言的攻擊，在傳統的教條裡迷失了自己。吳迪說：「不要想什麼時候能遇見好男人，在妳自己的心思和狀態最好的時候，遇見的那個，便是了。」

她希望女人能做自己婚姻與戀愛的導演，打破「應該」的束縛，讓自己自信、獨立、有品質、有思想而且更有魅力。她會在書中幫助剩女如何面對自卑，如何認識到自己美麗的地方，幫助她們擺脫有毒的愛情教條，遠離那些錯誤的思想。她還在書中分析了戀愛中常出現的「缺愛症」、「寧濫勿缺症」、「老男人迷戀症」等等，用犀利的語言為剩女們的困惑打開了一扇門。在面對父母的問題上，她強調不要被親情綁架，她認為成年人應該自強，對職場或者是戀愛婚姻都有自己的判斷力，鼓勵女人們割斷臍帶做大人。

「愛情和麵包，我到底要哪個？」這似乎是很多人的困惑。是的，愛情只需要荷爾蒙，而婚姻則需要迎接各種現實的挑戰。「麻辣情醫」吳迪指出，錢和感情並不是對立的，就像三毛所說：「如果不愛，百萬富翁也不要；如果愛，千萬富翁也敢要。」在書中，她分析了離婚的一百個理由，給處在婚姻問題中的人一些正確的建議。

在「痲辣情醫」面前，不要妄圖得到絲毫的安慰，因為，她的專長並不在於繼續幫妳自欺欺人。她只會客觀的分析現實，然後直接告訴妳，自省才是王道，更是解脫之道。如果，妳能hold住她的痲辣語錄，那麼妳離幸福也就不遠了。

在編輯本書時，為維持作者的「痲辣」特色，故而對於文中出現的大陸地名，稱謂，網路用語等不進行修改，但是，本書會在頁末進行標註，希望方便讀者閱讀、悅讀，也希望讀者在看了本書後：剩下的，不再剩下；沒剩下的，永遠不剩下。

【作者序】

「剩女」是GDP走高的產物

我是一名心理諮商師，專攻兩性關係、婚姻戀愛。八年來給很多在情海裡掙扎的痛苦男女做面對面的心理諮商，也常在電視節目中當心理嘉賓，闡述我的男女觀。

城市的發達以及男人女人對感情婚姻的過高尋求，造就了「晚婚」、「不婚」、「剩女」的現象，同時也讓人們對幸福更迷惘。結婚不是幸福的唯一道路，但卻是大多數人選擇實現幸福的道路，這種誤解常常造成了婚姻中的傷害。事實上婚姻的關鍵是需要不需要的問題，而不是傳統認為的應該不應該的問題。

悲劇的是：很多人忘記了戀愛的本領，更多人都選擇像寶馬女馬諾（註1）那樣與金錢戀愛。妳可以說現在的人個性很張揚，很開放，戀愛成風，性很氾濫。但是從另一方面來說又是對人性的極大壓抑，「在寶馬裡哭泣」怎麼說都是悲哀的吧？如果情愛和性愛都不要，感情和肉體上的快樂都不要，把其他的慾望都降低到最低點，這一切只為換取金錢的滿足，那麼，人性也就更加悲哀。

人可以跟一堆錢性交嗎？可以跟鈔票做愛嗎？

愛的慾望是天生的，但是愛的能力是需要學習的，所以才有弗洛姆（Erich Fromm）的《愛的藝術》。大家都習慣用「我愛妳」的方式來愛，可是這種方式也許並不是對方所要的，而這種困惑的出現就需要對愛有重新認識。對我們的前輩來說，戀愛結婚似乎都是到時間就去辦，沒聽說他們要學習。他們對婚姻的要求也不高，很多人結婚前也沒有戀愛過，條件OK就湊合過了一輩子了，關係再不好也不離婚。而現在人對戀愛太挑剔，希望值太高，因此也就更容易失望。

二〇一〇年北京、上海和廣州的離婚比率已經分別到了39%、38%、37%。我常對青年人說，你們這一代的離婚率將達到50%，只多不少。為什麼離婚率這麼高，因為妳有很多選擇。今天一個女人不結婚也過得挺好，而在媽媽那個年代不結婚會受到很大歧視，可能全家人都會嫌棄妳，因為——妳佔了一張原本要讓出來的床。大陸電視劇《貧嘴張大民的幸福生活》（註2）就有這樣的情節。在我們父母輩的年代裡，一個男人只要在上海有一個小閣樓，就不愁沒姑娘嫁他。

晚婚其實並不是壞事，這只能說明大家的自立能力增強了，用不著透過婚姻來達到想要的物質生活。拿80後（註3）和五〇年代生來比，對後者來說，不結婚就沒有基本的人權：性生活，一間獨立的住房。現在，80後不需要透過婚姻就能獲得很多東西，比如，性生活，房子，甚至是孩子，而這些，在八〇年代是不可想像的。

大部分人結婚的時候都不會先去想婚姻的本質是什麼，二十多歲的時候，愛得要死要活，把結婚看成愛的最高形式，或者說迫切想透過婚姻改變自己的社會地位。其實，婚姻很複雜，它包含著性、感情和利益三個因素。假設結婚十年、二十年之後，婚姻中還有兩個要素存在，這個婚姻就很完美。如果只有一個的話也尚且可以維持，如果一個都沒有就早點離婚吧。而真正三要素都具備的時候也只在蜜月期見過。

繼西方發達國家之後，臺灣也早就步入「剩女」多產的行列。而「剩女」是經濟社會轉型期的特殊詞彙，我預計十年後四十歲前不結婚（含離婚）的單身女性會達到同齡人中的30%，到那時「剩女」這個詞彙也將在大陸消失。

很高興本書能在臺灣出版發行，戀愛婚姻從來就是一個國家的鏡子，臺灣讀者可以從我的書裡看到中國大陸社會的現狀。

吳迪（心理諮商師、兩性關係專家）

註1：寶馬女馬諾：2010年因參加中國江蘇衛視娛樂節目《非誠勿擾》節目而走紅網路。一句「我寧願坐在寶馬車（BMW車）裡哭，也不願意坐在自行車上笑」，在網友中引起熱議，被網友們稱作「拜金女」。

註2：《貧嘴張大民的幸福生活》：該劇以輕鬆幽默的形式反映了中國北京大雜院裡那些平民老百姓的普通生活。

註3：80後：指1979年～1989年出生的人，每十年一個週期。同理，90後、00後以此類推。

目錄／Contents

第一章　剩女革命

第二章　妳為什麼自卑

第七章　離婚的100個理由

第一章　剩女革命

「剩女」是個反動的詞彙，泛指三十歲還沒結婚的單身女人，這是基於人人都應該在三十歲前結婚、不結婚就不正常的理念而產生的。有些網路上很紅的「情感磚家」（註 4）更是把「剩女」的年齡提前到了二十五歲，堅持女人過了二十五歲就掉價的觀點，把女人的唯一價值定在是否嫁得出去。我預測到了 90 後那一代，「剩女」這個詞彙將消失，因為「剩女」普遍存在時，大家就將不以為怪。

註 4：情感磚家：對某些「情感專家」的一種調侃，表現的是對其觀點的否定。

1
妳夢想中的緣分是什麼？
2
轉角就遇見一生最愛。。
3
轉角遇見愛的機率和被雷劈
是一樣的,遇到賣烤地瓜的機
率比較高。
4
....

01

剩女是如何練成的？

找男人是妳目前的頭等大事嗎？
除了不做違反道德、法律的事情，妳願意使用一切手段找男人嗎？
妳願意為了找男人投入必要的時間、金錢和精力嗎？

消極等待的態度

「剩女」們嘴上都會說我非常想找男人，但是面對這三個問題時，她們大部分的回答都是NO。可見，她們並沒有真正把找男人當作生活中的頭等大事來對待。她們不想主動地去做任何事情，藉口愛情是需要緣分的。什麼是緣分？如果妳以為的緣分是妳在捷運裡被一男踩痛腳，抬頭一看——哇，就是他！那妳恐怕將永遠地剩下去了。**我理解的緣分是，上天給了妳一個機會，而妳即時看到了他，抓住了他。**

有很多嘴上叫著要男人的「剩女」，眼裡根本看不見男人。我以前工作的公司女人居多，我給公司的「剩女」舉辦講座時，說我一進門就看到了三個還不錯的男人，妳們居然都說公司裡沒有男人。她們很好奇地問，在哪裡啊？我告訴她們，是IT人員。她們恍然大悟說，啊，他們是男人啊！**她們從來不把男同事當男人**。我跟一個行政主管說，其實公司裡就屬她接觸的男人最多，她怎麼都不肯相信。我說，妳的各種供應商啊——維護電腦的、裝修的、家具公司的、物業的、快遞公司的……都是男的。她驚呼，是啊，他們是男人啊，可是她從來不把供應商當男人。

男人在哪裡？「剩女」們總在問。**我到處都看到男人，而她們怎麼都看不到男人**。我在機場候機的時候，不看報紙，看身邊的人，看到好看的男人就多看他幾眼，也有就因此搭上話，交換個名片的。我工作的商務樓裡很多公司，我常在電梯裡看到不錯的男人，我跟剩女同事報告了這個發現，建議她們以聯誼的名義去認識他們，從交朋友開始。她們覺得這個主意很棒，可是卻沒有一個人主動去做，都等著別人先去做。

還有，原來跟別人約好要去參加一個社交活動的，僅僅因為下雨了、有點累了就懶得去了。她們永遠有藉口原諒自己不行動，最好用的當然是「工作忙」。但是根據我的觀察，「剩女」加班多正是因為沒男朋友、下班後沒事做、沒地方可去，而越加班當然也就越沒男朋友，惡性循環。

我以觀察員的身分參加過很多次單身聚會，我發現很多單身女去了等於白去。她們都很會打扮，但是態度惡劣，要麼是雙手抱在胸口，站在一邊當壁花，跟誰都不主動說話，要麼就是幾個女生擠在一起，七嘴八舌批評在場的男人，好像生怕他們聽不見似的。

ATTITUDE IS EVERYTHING（態度決定一切）。我看到一個單身女的態度，我就能知道她在未來多久能找到意中人。我的一個女朋友二十八歲單身時很著急，但是她很積極，什麼辦法都願意嘗試。她跟我一起去參加朋友的婚禮，當大家自我介紹的時候，她說「我是XXX，二十八歲，未婚。」大家都笑了，也都認識她了，也有男人過來跟她搭話了。幾個星期以後，她跟朋友去打羽毛球，在那裡碰上了她現在的老公。其實她並不很會打羽毛球，但是只要是能認識新人的地方她都去。

不良的家庭教育，遲遲不能斷奶

有相當部分的剩女只要沒結婚，哪怕三十歲，三十五歲，四十歲，都還跟父母住在一起。她們被父母照顧得無微不至，在家裡的身分永遠是女兒，而非一個獨立的單身女性。**她們在法律上是單身，但是在生活方式上不是，她們已經跟父母結婚了**。

「一個真正意義上的單身女人，要從自己獨立居住開始，不一定買房，租房甚至是跟人合租都好」，在講座上有個女孩子聽到我這一觀點，睜大了眼睛問：「父母有房子還要自己花錢住出來，這不是浪費錢嗎？」

我苦笑說：「人生不是這麼算的，人生需要很多必要的浪費，有很多節儉會導致災難性的結果。父母家和公司之間的交通要兩個小時，為什麼不在離公司近的地方自己租房呢？如果妳家住在偏遠的地方，離市中心很遠，下班回家後和週末恐怕妳也沒什麼興致出門了，也就宅在家裡了。」

男人在哪裡？男人可能在任何地方，但是絕對不會在一個地方——妳家裡，妳和妳父母的家裡。所以，剩女們一定要走出家門。想想吧，妳跟父母住，到了晚上十點他們就不停地來電催妳回家了，就更不要說某個心儀的男人送妳到家門口，妳還可以請他上樓喝一杯或者再發生點浪漫的故事了。

人跟動物一樣，在求偶期就要發出自己的氣味，眼神裡要充滿對異性的渴望，這樣異性才能接收到妳的求偶資訊，才會來接近妳，這就是招蜂惹蝶。那些長期跟父母住在一起的剩女，臉上無不洋溢著安祥的神情，因為被照顧得太好了，也不寂寞，眼睛裡沒有渴望，所以常常被男人誤讀為已婚婦女。

很多剩女都是從小聽父母話的乖乖女，大學不能戀愛，有個男同學塞個紙條，父母都會興師動眾。可是研究所一畢業就二十四五歲了，剛上班沒幾天父母就急了，問妳怎麼還沒有男朋友，就張羅著介紹相親了。在他們眼裡，談戀愛是不用學習的，像水龍頭一樣，要關就關要開就開，在他們的觀念裡談戀愛都是一次成功，不然就沒有必要談。所以剩女的青春特別的短，二十二歲還開不了花，一到二十六歲，就謝了。

剩女們的消極態度，也跟父母的不良教育有關。在她們父母年輕的年代，女人是很難被剩下的，每個單位都有工會、婦女聯合會……等等，他們的一大工作重點就是幫助單身男女找對象，比如鋼鐵廠和紡織廠聯誼。居委會（註５）的主管們也都身兼紅娘，哪家哪戶有單身的，他們都不會放過。在那個年代，一個女孩子只要乖乖待在家裡，自然有人會來提親。在那個政治高壓的年代，個人沒有什麼自由，80後的父母們，大都也沒有經歷過什麼像樣的戀愛，無非是為結婚而結婚，湊合著過，婚後不好也忍著不離。婚前性行為是耍流氓，甚至可以判刑。那時，男人只要「老實」，女人只要「賢慧」，就一定能結婚，反正大家都一樣窮，沒什麼好挑的。可是今天呢？如果時光倒流，讓80後的父母們變成年輕人，我相信他們面對如今這麼複雜的社會環境，可非暈了不可。

今天，男男女女都有了很多選擇，很多自由，就是因為選擇太多，更需要妳自己有判斷力和行動力。不要再以為妳們的父母能指導妳們怎麼談戀愛，怎麼結婚，怎麼過日子，他們能給的主意都不是特別好的，都是只能在他們那個年代使用的規則，對妳一點幫助都沒有，就像他們現在不能指導妳的職業規劃一樣，他們早就無能為力了。

戀愛結婚是兩個成年人的行為，如果妳至今還是個心理上、生活上和經濟上不能斷奶的女人，妳就不要期望什麼美滿的愛情婚姻了。幼稚的人怎麼能進行成熟的遊戲呢？

自相矛盾的擇偶條件

每次講座中讓「剩女」寫下她們的擇偶條件，都能寫滿一大面牆，所有對人類的美好形容詞都用上了。**我想，如果完全符合的話，這個男人一定是上帝。**我讓「剩女」們好好分析下她

註5：居委會：居民委員會的簡稱，是居民自我管理、自我教育、自我服務的民眾自治組織。

們列出的條件，是否可能在一個男人身上同時具備，地球上是否存在這樣的物種呢，比如：

男人要浪漫、幽默、性感，有魅力，同時又要對我之外的其他女人完全絕緣。

男人要事業有成，佔據高位，同時又不能太忙，常常在家陪我看電視。

男人要聽話、戀家、會做家務事，同時又要有遠見卓識、有魄力、能被依賴。

如此這般的自相矛盾還有很多很多，究其原因，剩女們經歷過的男人不多，我見過最厲害的是三十六歲還從來沒有戀愛過。男人是什麼，從生理結構到心理結構都不知道，也不清楚自己真正的需求是什麼，不懂HR找員工和女人找男人有什麼不同。她們不是在找可以相愛的合適的人，而是在找「成功男人」，但是我相信「成功男人」對「剩女」是沒什麼興趣的，現實就是如此殘忍。

蒼白保守的生活方式

有很多「剩女」從學生時代開始就是兩點一線（註６）的生活方式，大學通學每天回家，好像是在上更高程度的高中。工作了還是兩點一線，只不過把學校換成了工作地方。朋友就是高中、大學的小貓幾隻，出了校門就喪失了交朋友的能力。

很多人的生活都是如此，只有家庭生活和職業生活，沒有非常重要的社會生活，更沒有社交。「剩女」們都習慣把生活圈子小的原因歸結為**「因為我的工作特性，所以沒有社交」**。請問，什麼職業是有社交圈的呢？我一直在時尚行業工作，包括公關、市場、時尚雜誌，這些在大家眼中最應該有社交圈的行業，偏偏是「剩女」特別多的行業。因為從業者80％是女人，同事、客戶和供應商都是女人，好不容易有男人了，搞不好還是*gay*。如果妳不努力開拓自己的社交圈，妳也是沒有男朋友、只有工作的「剩女」了。

「剩女」中不乏世界500強公司的職員，她們有個錯覺，以為在世界知名的大公司工作，自己就很international（國際化）了。比如能在上海的恒隆廣場上班，自己也就很高級了。其實，她們的生活方式簡直跟她們母親那代的紡織女工沒什麼兩樣：上班只管低頭拉車，不管抬頭看路。（註7）下班馬上回父母家，目不斜視，每天午飯帶媽媽便當，如果不結婚，哪怕到四十歲也跟父母一起住。

其實，社交圈跟職業沒有關係。如果簡單地把工作中打交道的人多就定義為社交多，那麼醫生、護士和警員就該是社交最多的人了。「剩女」們抱怨圈子小，是因為她們以為圈子是不用她們自己努力就能建立的，是老天應該送給她們的，或者是工作附加送給她們的。可是，朋

註6：二點一線比喻經常奔波於兩個地方之間，例如：家和公司（或學校）、宿舍跟教室等，就叫兩點一線。此形態的生活一般較為單調，沒有變化。

註7：上班只管低頭拉車，不管抬頭看路：俗語，形容只顧埋頭努力，沒有明確方向。

友是絕對需要精力、時間甚至金錢投入的，想想妳每週有多少時間投入給工作，妳又有多少時間投入給交朋友，找男人？很多「剩女」的回答都是零。**什麼都不投入，男人怎麼就會從天下掉下來呢？**

「剩女」們交男性朋友的目的性太強，都希望一槍命中，第一面感覺不像是老公人選的就刪除掉，完全沒有從陌生人到熟人，到朋友，到 date（一起吃飯活動沒有親密行為），到戀愛關係，到性關係，到真正考慮結婚對象這樣的過程——這就是老公進化史。其實，**在確立正式的戀愛關係以前，異性朋友多多益善**。就算妳百裡挑一，那也得先有那個「百」的基礎啊，不然妳「一裡挑一」，怎麼挑啊？妳得先學會怎麼交朋友，然後才能學會怎麼交男朋友。男朋友不就是從朋友裡來的嗎？！

把愛情當童話，受挫力差

很多女人到了二十五歲、三十歲，還不能從童話公主夢裡醒過來，她們對愛情沒有體驗，只有想像。一旦初戀失敗，就痛不欲生，然後徹底否定男人，否定對愛的追求。**最典型的一句話就是：「我再也不相信愛情了，嫁個有錢人算了！」好像門口有一排有錢人等著她似的**。其實，她遭遇了什麼事情呢？不就是戀愛失敗嘛。這要是發生在十八歲、十九歲，就像我當年在大學女生寢室，我們輪流地因為失戀躺在床上不起來，絕食，哭泣，頂多餓個一頓兩頓也就撐不住了，然後室友遞一塊毛巾過來，擦擦眼淚，該幹嘛還幹嘛。而對「剩女」來說，初戀發生在二十六歲、三十歲，甚至三十三歲，那麼失敗對她們的打擊就無比大，**她們會把那點痛苦無限放大，好像世界末日來臨了一樣**。

這就像小孩子開口學說話、學走路，如果到了一定年齡還不會，家長就會著急，怕孩子不健康、不正常。而且過了該會的年齡，小孩學說話走路會更困難。但是，很多「剩女」的父母一手導致了她們的發育滯後。在幾次「剩女」講座上，都有三十歲還沒戀愛過的女人，她們的發問讓我哭笑不得，她們對男人可以說連常識都沒有。

當我提到「性」這個字眼的時候，她們面紅耳赤，簡直是「兒童不宜」。有一女生說理想的男人是 SOUL MATE（靈魂伴侶）。我說，SOUL MATE 可不是一般人能得到的，首先妳自己得有 SOUL，妳沒有 SOUL 哪裡來 SOUL MATE。而且，SOUL MATE 常常不是生活伴侶，如果引入婚姻就是一場災難。女人享受 SOUL MATE 最好的年齡就是二十~三十歲，純戀愛不考慮婚姻。但是對「剩女」來說，她以為的 SOUL MATE 就是公主和王子的童話，童話夢不醒，她們也就永遠停留在對男人的無限想像中了。

02 妳想嫁上帝嗎？

二〇一一年除夕夜收到一份徵婚廣告，跟我之前收到的一百多份一樣有兩個問題：第一，對自己的評價不高，不覺得自己有什麼好。第二，對男人的要求奇高，而且自己都不覺得，更不能說明如此優秀的男人為什麼要她？

我的評論：

跨入二〇一一，二十八歲了，二〇一〇年報導顯示，上海女性初婚的平均年齡是二十七歲，所以還是小有壓力。——一上來就表明自己著急，很想趕快結婚，第一印象不佳。

我自然不比那些剛畢業的女孩。——妳在跟她們比什麼？什麼「不比」？是比嫩嗎？妳是在告訴男人們妳老了？

我有過失敗的戀愛經歷，也經歷過主動向異性表白，然後被拒絕的場面。我很難過，不過我仍然相信我在尋找自己的Mr Right的路上，相信真愛，愈挫愈勇。——沒有導致結婚的戀愛都叫「失敗」嗎？妳主動提起，卻被拒絕，是想告訴男人們其實妳至今很在乎、很受傷嗎？

缺點是比較挑剔，要求太多，有時候太執著。——讀到這裡一大半男人都走了。這麼難相處的女人誰敢要呢？如果妳是指在工作上的執著，完全可以用另一種口氣。如果是指跟人的相處，那可真的很有問題。

希望我的伴侶思維清晰，去過的地方比我多，認識的朋友比我多，見識比我廣，在很大程度上可以引導我，關心大事，有運動的習慣。——哈哈哈，我四十二歲，如果我是男人，大概才能勉強符合妳的這些要求。妳是要找一個中年大叔嗎？如果是個三十歲的男人，他憑什麼能達到這個境界，他還需要引導呢。

能夠欣賞我的缺點，就像欣賞我的優點一樣。——**如此優秀的男人憑什麼要欣賞妳的缺點，能包容就很好了。妳有優點嗎？**從頭到尾徵婚廣告裡沒看出來。

彼此包容，共同成長，一起進步，成為彼此精神上的支柱。——我只看到妳要男人包容妳很多，妳能包容男人什麼呢？（比如花心，不愛衛生，忙工作不做家務事，累了就懶得跟妳講話。）

我身邊真的有不如我的人（這裡並非指賺錢能力或者學歷之類）。——什麼不如妳？她們的男人如果給妳，妳要嗎？

我看她們真的糊里糊塗卻一個個都結婚了。——她們未必如妳想的糊塗。當然也有糊塗的。**不要把結婚當作成功象徵，離婚的人都結過婚**。有時候真的也希望自己糊塗一點，知道的少點，這樣自然也計較得少了。我覺得妳的問題正好相反，妳挺糊塗的，知道的不多計較的不少。

我的確也有非常沮喪的時候，沮喪到覺得自己就像一堆垃圾，就像我之前提到的被對方拒絕的經歷，之後會需要一段時間來給自己做心理建設。當然，我還是相信這個世界上所有美好的東西，愛情就是其中之一，只是它現在還沒有來到。

雖然大年初一給妳如此不 Nice 的評論，但是希望妳看到自己的問題，加緊做好心理建設。**愛情不是扶貧，不要幻想一個什麼都比自己好的男人。**為什麼妳自己不去成為那個「走過很多地方，認識很多朋友，見識很廣，關心大事」的人呢？**在成為那個妳中意的人的路上，Mr Right 就會出現！**

該網友的回覆：

總結妳對我的評價「看到自己身上有什麼任何優點，對男人的要求奇高，而且自己還沒有意識到」，前半句我不苟同，後半句我同意。我也不知道為什麼自己的文字會傳遞出這樣的資訊，如果讓我重新寫一次的話，那我就寫成：

「我，二十八歲，剪著一頭適合自己並且非常滿意的「小 S」髮型，五官拆開並不驚豔，組合在一起完全可以達到舒服悅目的效果。在一家讓我景仰的公司，做著一份自己喜歡並且足以溫飽的工作。喜歡現在的工作，它讓我經濟獨立，可以接觸到不同領域的人，而這兩點對女孩子來說非常重要。同樣喜歡工作帶給我的成就感，讓我發現自己願意執著的去做好每件事。

兩大愛好，Spinning 和跳舞（爵士和雷鬼）。前者讓我享受到大汗淋漓的暢快和豪氣，在最累最考驗毅力的時候，看著鏡子裡的自己，覺得很美；後者讓我發現自己的身體與生俱來有如此的爆發力，原來我也可以把胯扭得很女人。

我相信生命是用來體驗的，在體驗的過程中去瞭解周圍的世界在發生什麼，去獲悉很多真相，去瞭解很多犯過錯才能汲取的道理。不管怎樣，我都會朝著自己下個階段的目標（其中包括找男人）努力打拼，今天一定要比昨天活得明白，把自己修練好了，我想我要的東西自然也會來吧。」

妳提到我簡直就是在幻想一個完美的男人，我想我那三點要求言重了。但是，不僅僅是我，包括我身邊的很多同齡人，都是至少期望對方身上有一點可以讓我自己仰視的地方。他也許工作一般，但是動手能力特別強，特別有責任心；又或者，他可能對待朋友很仗義，所以始終有一班很支持他、很挺他的哥兒們。我想表達的意思是：他身上必須有可以讓我「服帖」，可以虜獲我心的東西——我想這是底限，但同時也正是上限。

我非常喜歡妳送給我的那句「為什麼妳自己不去成為那個走過很多地方，認識很多朋友，見識很廣，關心大事的人呢？在成為那個妳中意的人的路上，Mr Right 就會出現！」是啊，關鍵的關鍵是，首先如何努力的做好自己，完善自己，強大自己的心臟，在這個過程中自己自然會吸引到志同道合的人生伴侶。

03 戀愛可以被培訓嗎？

二〇一一年三月我和上海 SALSA 舞教父劉忠一起創辦了「戀愛訓練營」。SALSA 是一種休閒拉丁舞，源自南美，跟國標拉丁舞不同，SALSA 是在酒吧跳的社交舞。入門容易，是陌生男女交流的好方法。劉忠在上海推廣經營 SALSA 十年，代表中國隊出國比賽，我曾是他的第十六號學員（黃埔一期的）。每個週末他都在固定的酒吧會所舉辦一、二百人的 SALSA PARTY，熱鬧非凡，老中老外都有，是個絕好的社交平臺。十年來他教過的學生有一萬多人，三十對結婚，戀愛過的無法統計。

拉丁舞的源頭就是兩性關係，涵蓋了男女從有好感到追逐到傾心相愛的全過程。劉忠在教舞的過程中也一直強調愛的身體語言，比如「愛上妳的舞伴五分鐘」。他有一門絕技，跟一個陌生女孩跳個舞就能知曉她的脾氣個性和在兩性關係中的站位，並推斷多久她能找到另一半。我平時經常做兩性關係的講座，可是聽眾覺得單有理論不過癮，最好有實戰演練。我跟劉忠一拍即合跨界合作，還有什麼活動能像 SALSA 一樣一見面就能有身體接觸呢？

戀愛訓練營的目的是說明單身男女瞭解內心的真實需求，掃清戀愛盲點，提供男女社交平臺，掌握發現另一半的實戰技能。有人表示懷疑，戀愛也需要培訓嗎？戀愛可以被培訓嗎？學習的僅僅是戀愛技巧嗎？

三月二十六日戀愛訓練營第一期舉行，來的學員都是有戀愛結婚的願望，但是不知道怎麼做的人。

學員代表林小凡（女，化名）的感受：

一句話概括，今天受到了衝擊！對一些我自己以前的不少固有觀念的衝擊。

今天第一部分，三句話介紹自己，不許有數字，當作是在一個相親會上介紹自己。結果一圈人介紹完，幾乎沒有人會推銷自己。吳迪讓每個人思考到底自己都有些什麼樣的特點，尤其對男人來說，好的特質有哪些？

我的介紹是，我的最大特點是適應性強，既可以做工作狂，也可以做家庭主婦。

吳迪問，做過家庭主婦嗎？

對我很有觸動的吳迪的話：

很多「剩女」對找老公的內心驅動力非常弱，只是父母催促，自己並沒有真的需要男人。都說兩個人要有感覺，實際上感覺是一種能力，是否會捕捉到感覺，是否會把自己的感覺傳遞出去，可見，**談戀愛也是一種能力**。

由於處於非常緊張的狀態，要求一槍命中目標，導致了在第一時間刪去了有可能是對的人（**就是我的狀態！**）。

容忍是婚姻中最關鍵的能力，而往往我們缺乏這種能力。

我們對情感的期望值非常高（也是我！）。

可以維持婚姻的東西是兩個人的天性，天性就是每個人的特點，是無法偽裝的東西（極度認同！）。

工作狂和隨和是對立的，工作狂不可能不挑剔。

我在上一段戀愛結束後到今天，沒有開始過新感情。我一直存在一槍就否決一個人的想法和做法，總認為要和對的人才能開始。實際上沒有開始，就談不上真正瞭解一個人，沒有經歷更多的感情，無法更清楚地知道我需要什麼樣的伴侶。

我個性上很大的特點是優柔寡斷，需要一個決斷力比我強的人，加上我一直希望自己的伴侶是見多識廣型的，兩個人可以不斷有新東西可以討論，所以看起來伴侶就有點扮演老師的意味。

以前我也跟很多「剩女」一樣覺得身邊沒單身男人，好男人都結婚了。現在我知道了：最需要善於發現男人的眼力，在工作中、生活中和人打交道的環節都有機會，建立好隨時發現的動機，就建立好了隨時準備著的狀態。

現在的微網誌力量很大，在微網誌上標明單身，只要是自己寫的，就很難偽裝一些特性，所以微網誌也是不錯的吸引對自己有興趣的人的平臺。

改變日常生活途徑，創造偶然相遇，比如等飛機、午餐、交通工具、健身……

學習怎樣讓他注意到我。

尋找六個朋友做自己的紅娘，要真的喜歡我，積極樂觀，坦率，樂於助人。告知紅娘要什麼樣的男人。

（林小凡後來做出的第一個改變就是不再固定一個餐廳吃午飯，她在一個大工業園區工作，以前都是跟同事永遠只在一個餐廳吃飯。參加訓練營後她特意找了男人多的餐廳，跟陌生人拼桌吃飯，發現原來身邊男人還是很多的。）

我的觀念是婚後才能有性行為，吳迪糾正，性和諧也是非常重要的部分，婚前不嘗試、不瞭解有很大風險。這是對我價值觀的一個大衝擊。我理解性和諧的重要性，但需要過程來轉換對性行為的意義的認識。

劉忠和吳迪帶我們去 SALSA PARTY，就像《慾望城市》裡的凱瑞一樣現場指導。我第一次對 SALSA 有了親身感受，首先是服裝的準備，PARTY 燈光較暗，必須穿閃亮的衣服適當露出身體一些部位，展現曲線。其次是心態的調整，選擇容易被人看到的位置，顯示出願意被邀請的狀態。接著是跳舞時的心態，我的問題是一心關注舞步，為舞步不熟感到羞愧，完全沒有正視舞伴，且用心去感受舞伴的引領。劉忠在與我跳完一曲後評價我是當晚幾個女學員中最頑固的，沒有與舞伴形成積極良性的互動。

我看到場上很多女孩會一直保持微笑，對舞伴做出一些即興發揮的配合動作，讓兩人的配合看起來非常舒服。

教練吳迪的感受：

我問女學員們，找男人是妳的頭等大事嗎？妳願意為此付出時間精力和金錢嗎？二十五個人只有五個人舉手。她們嘴上說很急，其實心裡並不急，或者喜歡用「緣分」來解釋。我問什麼是緣分，她們說是上天安排好的。我說**上天太忙了，沒空替妳安排**。

很多女學員都說自己社交圈子小，碰不到單身男人，但是她們沒有意識到社交圈不是天上掉下來的，需要妳自己投入時間、精力甚至金錢去建設。她們的問題是嘴上說要，但是缺乏行動力。

晚上十點我和劉忠帶學員去 SALSA PARTY 現場演練，女學員們輪番被劉忠帶著下舞池，我觀察她們的表現，指出問題所在。在 PARTY 場合，妳的位置很重要，要站在容易被人看到的位置。劉忠說跟賣房子一樣，位置最重要。

一位看起來很淑女矜持的女學員透過大半天的學習，跑過來對我說：「我不想再當壁花了，我可以去請男人跳舞嗎？」我說可以呀。沒想到她剛站起來就被男人發現把她請去跳舞了。跳完回來她很開心，我們熱烈鼓掌。**女人的主動有時就是妳要站在男人看得見的地方。**

另一個女學員說收穫太大了，醍醐灌頂，讓她看到了自己的問題。我說不是我厲害，是妳準備好了改變，妳在尋找改變的方法，所以妳找到了我和劉忠。我們只對需要的人有用，對還停留在找藉口的單身人來說是沒有用的。

有很多人認為自己沒碰到對的人只是運氣不好，從不反省自己的想法做法是否有問題。再好的圈子也有爛人，關鍵是妳的眼力，很多女生都會說要找對的人，可是誰是對的人呢？**他的腦門上不會貼著「對的人」三個字，有時看起來的好男人其實並不好。**

偏見是人類的天性，我們終生都在跟偏見鬥爭。找藉口不行動的女人是這樣的：她說沒社交圈，妳帶她去了，她說愛玩的男人都是打野食（註8）的，妳挑幾個正經男人給她認識，她說不是我的菜。她的態度是everything is impossible（一切都沒可能）。

「如何施展妳的性魅力」，請學員們說說自己最有性魅力的身體部位，或者在什麼場合，穿什麼衣服，做什麼事時最容易激發性的慾望，大部分人一籌莫展，即便和同性說也羞羞答答。有人說我胸脯最性感，結果穿的衣服既不是低胸也不是緊身，一點看不出胸的魅力；有人說我的鎖骨最性感，結果穿寬鬆高領厚針織衫，一點沒有鎖骨的痕跡。施展性魅力的第一步是找到妳的魅力點，並自信大方表達，突出優勢強化呈現。**魅力點來自於自己的發現，也有來自同性、異性朋友的反應。**

去找到它，並且在需要的時候，運用服裝、化妝、語言、行為，充分地去展示它。

女學員上台輪流接受劉忠類比「黃段子資訊」性暗示，每個人反應大不相同，有人本能地身體向後退，有人矜持地身體微微向前靠，有人熱情地主動抓過來看，不同的性格和心態帶出不同的反應，不同的反應又影響著男人的不同感受和下一步行為。身體語言最真實，語言表達有時並不準確或者通暢，巧妙的運用身體語言，在兩性關係中多有事半功倍的效果。

註8：打野食：男的或者女的放著家裡的對象不管，跑外面去找異性體驗新感覺。

04 我知道妳是怎麼剩下的？

「戀愛訓練營」第一步是我跟學員做一對一的心理諮商，談下來我便知道她們是怎麼被剩下的。

第一，被動，被動，再被動。想要一個完美的男人，自己從不主動，還希望完美男人來追求自己。

第二，除了工作需要，不跟陌生人講話。即使出門旅遊，只跟一起去的朋友講話，路上對主動搭話的陌生人一概不以理會。即使在以豔遇著名的浪漫景點，依然完好無損，因為她們的臉上的表情是——請勿靠近。

第三，下了班直奔家裡，睡覺前在電腦上消磨四個小時。對一切要花錢的出門的活動都沒有興趣。**電腦是她們最好的男朋友，有的女人這樣的電腦生活不小心就過了十年。**

第四，認為男人都是危險的東西，都是會佔女人便宜的。防衛工作做得非常好，三十出頭了，從來沒有被佔過便宜，手都沒有被男人牽過。

第五，有很多成見和偏見，喜歡用「什麼什麼都什麼什麼」的判斷，認為去酒吧跳SALSA的男人都不可靠，不是好男人。好男人在哪裡呢？她們說在家裡（說完她們自己也笑了）。她們自認是好女人，也在家裡。所以，她們永遠不能跟好男人相遇了。

第六，**希望男人無條件地愛她們，想要完全可以依靠的男人，從精神上到物質上。這不是找男人，是找乾爹。**

第七，沒有耐心，相親的時候對男人沒有太大感覺就不想見第二次，斷定他不是我的菜。問她誰是妳的菜呢？說不出來。

第八，嘴上說很急，行動上永遠把找男人的事放在最後。出門參加單身PARTY的計畫能被一百個理由破壞，包括——下雨了。

第九，生理年齡二十五歲以上，心理年齡十六歲，還沒有跟父母心理斷奶，做什麼事都首先想父母會怎麼說。哪怕從小厭惡父母的教育方式，跟父母衝突不斷，談戀愛沒把握的時候依然會第一時間問父母，放任他們進來攪局，直到徹底破壞。

第十，從小目睹父母爭吵痛苦萬分，發誓以後自己的婚姻裡不能有爭吵，不開心就憋著，直到憋不住要分手。害怕當面衝突，愛發簡訊，常引起誤會，直到不可收拾的地步。

又收到一批徵婚廣告，可以看出當事人是怎麼被剩下的：

第一，我喜歡幽默的人，喜歡看勵志的文章、「麻辣情醫」吳迪的部落格也很喜歡。我喜歡旅遊，攝影，散步，喜歡小小的探險，做小手工，喜歡一些古老的東西，可是經常天馬行空地想，實際行動能力卻很弱，所以希望遇到一個行動力強些的人。

——自己不行的方面，就希望別人行，**行的人為什麼要選不行的人呢**？行的人喜歡跟不行的人玩嗎？他們天生就喜歡幫助別人嗎？不要把幽默列為妳選男人的標準，人群中有幾個能算得上幽默的？這是很高很高的要求。

第二，不知道怎麼就被剩下了。朋友們說我凡事慢熱，但我寧願低調地稱自己晚熟。A型巨蟹座的我是標準的賢妻良母，溫柔體貼，喜歡照顧人，覺得相夫教子洗衣做飯都是一種幸福。如果有機會希望能走遍祖國大好山河，感受不同風土人情。閒暇之餘也喜歡看書，聽音樂，喜歡足球和體育賽事。朋友說娶到我是一種福分，我相信我的那個他就在轉角處等待。

——知道妳是怎麼被剩下的了。妳是個宅女，想像得多行動得很少，連旅遊也要「如果有機會」，不知道要多嚴重的機會才能讓妳出門。那些說娶到妳是福分的朋友，怎麼不娶妳或者不把妳推薦給男人呢？妳要命的認知就是「相信那個他就在轉角處等待」！親愛的，沒有人等妳，如果妳不努力去尋找發掘，妳會繼續剩下去。**轉角遇到愛的機率跟被雷劈到一樣，遇到賣烤紅薯的機率比較高**。

第三，我所處的城市地方較小，人員普遍素質不高。由於自己離婚有孩子，錯過了很多好機會。面對這樣的客觀社會問題我真的有些困惑，我應該如何尋找愛？

——人員普遍素質不高？妳想要幾個男人？不就一個嗎？妳能把那一個找出來就行了，其他人員跟妳有什麼關係，妳又不是戶政機關的主管。

第四，昨天坐在車上，一路流淚，因為想念兒子。是的，您沒看錯，我的徵婚以這樣開場。當時的我多想有個堅強的肩膀，什麼不用說，但深深瞭解與心疼著。從懷孕上這個美麗的生命那一刻起，世界充滿著陽光，儘管這樣依舊無法改變我與他父親之間的裂痕。當初步入剩女的我，想的只是要嫁出去，現在覺得這想法多幼稚。我是需要愛的女人。我相信緣分，相信有彼此等待的人。我喜歡開朗大方，同樣對自己有要求，工作起來又有堅韌精神的男人。

——這樣的開場白會把所有的男人嚇跑。如果妳已經意識到自己的幼稚，已經醫治好了自己，請不要如此悲情。**離婚有孩子不可怕，但是請記住男人是來找一個情緒穩定健康的女人，不是來看有狗血劇情的偶像劇。**

我真的需要過男人嗎？

「戀愛訓練營」一位女學員，開始了積極的行動，她決定改變，以下是她的反省：

妳的部落格裡中寫著「電腦是她們最好的朋友，這樣的電腦生活不小心就過了十年」，看到這句話，我終於徹底意識到電腦在我的生活中是一個多麼大的禍害，它在根本上已成為我的男朋友。

記得妳在訓練營問過大家一句話：「妳們真的需要過男人嗎」？當下我的反應：當然需

要。這麼多年，我從來都覺得自己是那麼渴望愛情，那麼希望找到自己的Mr.Right，我怎麼可能會不需要男人呢。但我發現我其實並沒有自己想像中的那麼需要男人，那麼想談戀愛。我從電腦、網路、談話性節目、美劇、日劇、韓劇中就可以得到滿足，就可以打發所有閒置的時間，哪裡還有時間分配給男人呢？

如果說，前些年我還覺得沒談過戀愛不是什麼大問題的話，這些年我都在思考，自己是不是有問題，都已經三十出頭，竟然還沒有談過戀愛。我一直認為是性格上被動、追求完美和理想主義讓我始終沒辦法邁出那一步，但現在看來和這些或許都有關係，但最根本的還是我沒有從內心深處真正需要過一個男人。我嚮往愛情也許是一直以來受電視劇夢幻愛情的影響，但從我自身的需求來看，我真的沒需要過男人。所以嘴巴上很急，但實質上不會有任何行動。

我一直因為沒有談過戀愛有些自卑，但在想明白這一點後，我一點都不自卑了。沒談過戀愛，是因為我之前不需要男人，現在我想要男人了，想就肯定找得到。我還蠻想用小S的語氣來表達一次：老娘之前沒談過戀愛是因為老娘不需要男人，現在老娘想要男人了，只要想了老娘就肯定找得到！

05 不在相親，就是在相親的路上

不是在相親，就是走在相親的路上。這是很多單身男女的真實寫照，因為自己沒有管道和能力去認識單身異性，只有走華山一條路——相親。但是他們大都很討厭相親，我認識一個單身女，一年被父母逼著相親五十次，都快吐了！

我的相親建議：

相親至少給彼此三次見面機會，因為不是每個男人都擅長在星巴克高談闊論，不是每個男人在陌生女人面前都能應對自如，不是每個女人像我這樣跟誰都有話說，但是這絲毫不代表她不優秀。

沒有不好的感覺就是好感覺，問他下次去哪裡，也許他最能散發出耀眼處的場所是書店、戶外運動、旅行、廚房、音樂廳、牌桌、他的實驗室……在他最喜歡最擅長的事情發生的場所。

我有個做風險投資的男性朋友，單身，其貌不揚，不善言辭，毫無情趣可言。我一直認為他對女人毫無吸引力。某次因工作需要，我向他請教風險投資的問題，沒想到他跟我宣講了一個小時，抑揚頓挫、神情飛揚、容光煥發好像變了一個人。我都看呆了。他講完了，我說，神啊，原來你也有性感的時候，下次相親約女孩聽你談風險投資。

給別人機會就是給自己機會，探戈舞會的規則是男女第一次跳舞，要連跳四首，這樣妳才可以說舞伴和妳是不是合適。何況是相親，如果只見一面就判斷，也太武斷了，損失最大的一定是妳自己。在擅長和感興趣的領域，每個人都有特別的魅力，志趣相投就容易發現彼此的耀眼處。

06 愛情的本質——I SEE YOU

問：我三十歲，身高 160cm，體重 50kg，明星大學畢業，在一間知名的外資企業做銷售，月薪七千元人民幣，在同齡人中事業相貌身材什麼的都是中上。現在我的苦惱就是大家常說的剩女。說起來我的標準並不太離譜，對方最好和我是同一城市，大學畢業，身高 170cm 以上，有一份正經工作，收入比我高一點點就好了，年紀比我大，然而就是找不到。

以前也談過戀愛，前兩個都是校園名人型，當時比較對眼，後來發現上進心實在有限，這麼多年過去了，還都是老樣子。第三個條件什麼的都合適，只是異地戀，最後只好分了。現在都兩年過去了，一直都找不到合適的人。

我也一直留意著身邊的男性，和我同齡的人想法往往很幼稚，收入比我低；年紀比我大的符合條件的，幾乎都結婚了。也嘗試過參加一些聯誼網站組織的相親活動，別人介紹我也去見過，可是見到的男士條件都很一般。雖然我工作很勤奮，但也不是工作狂，也有很多愛好。我平時喜歡去健身房，喜歡攝影，看電影，旅遊；朋友也不少，但大多數都是女孩子。很多人說不要著急，緣分自然會到。可是我卻越來越懷疑，是不是我的標準真的太高了，只能退而求其次了。

答：我看妳是該著急了。**妳不是標準太高，妳是軟標準糊里糊塗，硬標準很狹窄**。妳所要求的條件全是可以用數位量化的硬條件，簡直像是在警察局報案尋人，哪裡是找男人用的呀？看過電影《非誠勿擾》嗎，請用葛優的方法給自己寫一份徵婚廣告。他的廣告是絕品，把他自己是什麼人，他想要什麼人，都表達得清清楚楚。**男女之愛，走的是心**。

《阿凡達》紅了一句話，I SEE YOU，這才是男女之愛的根本。I SEE YOU，看見的是一個人的本質（性格、脾氣、價值觀），不是月收入，不是身高，不是學歷。當然，能達到 I SEE YOU 的層次，是不容易的。妳的層次，頂多也就公司人事招聘時的水準。

我相信在妳的相親過程中，肯定已經見過了「和我是同一城市的人，大學畢業，身高 170cm 以上，有一份正經的工作，收入比我高一點點就好了，年紀比我大」，可是妳還是說人家條件很一般。為什麼？我想無非是沒感覺，YOU DID NOT SEE HIM。

為什麼非要比妳大一點？一個二十八歲的男人就一定比妳幼稚？身高 168cm 就不行？收入比妳低一千元就不行？狹隘的觀念，用條條框框把自己限制住，就是第一原因。好好給自己寫一篇留心的徵婚廣告吧。

07 將武松和武大郎折衷成西門慶

「將武松和武大郎折衷成西門慶」——這麼逗趣的話是連岳寫給一個女讀者的，該女花了一千五百字嘮叨的還是那個永久的話題：男人們總不能讓她百分百滿意，不是這不好就是那不好。她剛分手的男朋友在她生命裡承擔了太多的角色：情人、親人、導師、傾聽者、安慰者，幾乎是所有的事情她頭一個想要告訴的人，現在他離開了，怎麼辦？

愛情總是被寄託了過多的理想，人人都覺得自己像潘金蓮那麼慘，理想是武松現實是武大郎。連岳給的建議是向潘金蓮學習，把理想和現實折衷成西門慶（請略去毒殺親夫這節）。我不知道發問的女讀者的男朋友為什麼離開，猜測大概就是承擔不了那麼多的角色了，人不是多功能洗衣機，能力有限。三合一洗髮乳永遠不如單一功能的洗髮精和護髮乳的好，男人承擔不了女人想像中的那麼多的角色。

我所舉辦的講座中老碰到這麼一路女人，熱衷於參加各種相親活動，可是一談起男人就像怨婦，老是以「男人都很差勁……女人都很優秀……」展開話題，然後開始聲討男人，好像全世界男人都對不起她似的。其實她的理論依據也無非是她交往過的一到三個男人。每當這個時候我就忍不住要問：「請問妳愛男人還是女人？妳打算跟男人結婚還是跟女人結婚？」被問的都會愣住。我說：「除非妳打算跟女人結婚，否則就請換個腔調來談論男人。」

每當談到選擇男人的條件，女人們總是如長江之水滔滔不絕，再看看她們自己的條件，也不過如此。有個女的希望老公能跟她談梵谷，我說老公的條件裡恐怕最不重要的就是談梵谷了。能跟妳談梵谷的人很多，女人也可以，老人也可以，已婚男人也可以，沒有性能力的男人也可以，妳何必非要跟談梵谷的人上床做夫妻呢？情人、親人、導師、傾聽者、安慰者，除了後兩個比較容易是一個人以外，前三個更像是三個截然不同的人的使命和功能，硬要五合一不知道為什麼。就算能五合一，那位神人要哪個女人不行，為什麼就是妳呢？我看瑪丹娜、章子怡也找不到此等男人吧。

男人找老婆為什麼容易？因為男人的思路永遠是可以退而求其次。妳這個女人最好是：上得廳堂，下得廚房，浪得大床。如果三不能齊全的話，三選二，三選一都行。這三者都沒有，那至少可以生養吧，如果連生養都不行——那總可以暖被窩吧。就算全中國都找不到，可以去國外尋找。上世紀80年代大量的上海女人不是嫁了日本農民嘛，雖然相當數量的夫妻以離婚告終。

女人找老公為什麼難？婚友公司登記資料再謙虛的女人也會要求未來老公的收入是自己的1.5倍，一個自稱「優秀」的女人，如果一個男人跟她年齡條件相同就是「不優秀」的。

政治是妥協的藝術，戀愛婚姻也是，得到愛的過程就是放棄的過程，要知道自己更看重對方的哪一個部分。我有個女朋友也是對什麼男人都不滿意，她開我玩笑，說為什麼我那麼容易能找到老公呢（其實沒那麼容易），是因為我真的對男人沒什麼要求，什麼長相的都要。長相方面我確實沒要求，無論他是禿頭、啤酒肚或者瘦得像竹竿，在我眼裡都被忽略。我的要求比較單一，就是這個人的有趣程度要高，價值觀跟我一樣。**面對理想和現實的衝突，向潘金蓮學習，在武大郎和武松之間有無數個西門慶。**

08 開心的人身上會放光

我是上海電視台談話節目《風言鋒語》的長期嘉賓，主持人李蕾講的趣事：一名六十歲知名學者，兒子二十八歲，帶女朋友回家。父親很好奇現在的年輕人怎麼談戀愛，發現他們倆在屋裡一人一台筆電，什麼都不做，一點聲音都沒有。父親：你們不聊天嗎？不聊，聊天有什麼意思。你們也不做那事嗎？不做，那事有什麼意思。父：我像你這個年紀的時候，覺得做那事是世界上最有意思的事！

現在的年輕人中充斥著「沒意思」，工作沒意思，出來玩沒意思，認識朋友沒意思，愛情、性，什麼都沒意思，沒有任何慾望，活死人一個。什麼是年輕心態？就是覺得什麼都有意思啊，我覺得工作有意思，學新知有意思，跟男人調情有意思，跳舞有意思……

一位心理諮商師說：「我的來訪者說她受夠了做一個乖乖女，吸引來的都是一些學習好的正經男，她期盼得到自信、叛逆、年少輕狂的不正經男人，她渴望做風情萬種的女人，想做一個壞女人。她問，那種叛逆不羈類型的男人都喜歡什麼樣的女人？他們喜歡的女人的外表、談吐、性格、著裝都是什麼樣呀？」

從這位來訪者的話語裡，我捕捉到這些資訊：

第一，她的戀愛經驗有限，對男人瞭解甚少。
第二，她是乖乖女，被不羈男人吸引。
第三，她從來沒有交往過不羈男。
第四，如果不羈男想勾引她，很容易。
第五，她會被不羈男傷得很深。

幫助發問者瞭解她自己，不用直接給答案。她這輩子也變不成真正意義上的壞女人，因為她覺得那樣是壞，而真正的壞女人不覺得那樣是壞，那是她們的本性。讓她來我們的戀愛訓練營混SALSA PARTY吧，穿性感短裙跟男人跳性感舞，大概已經大大超過她關於「壞」的尺度了，幫她釋放內在的慾望。

09

幸福的秘密

聽說《秘密》出了新一本，這本書背後是一個寫作群，此書曾激勵了無數人，幫助世人學習正面思維。假如，一想到戀愛就想到傷害，妳吸引來的人必定是傷害妳的；如果，一想到戀愛就想到付出愛時的歡樂，妳才能得到愛。

大學時追求一個男生（我喜歡主動），有好幾個女生跟我PK，我去他寢室聊天，她們也來，我不走她們也不走，氣死我了，這更刺激了我的戰鬥勇氣。我老在想怎麼打動他。後來我勝出，我問他是什麼讓他選擇了我，他說，妳的笑聲，忘我的、沒心沒肺的笑聲。

昨晚採訪亞洲首席演講家梁凱恩，他是曾患抑鬱症自殺過兩次的勵志大師。他是臺灣人，從二十二歲起每半年給自己錄一個潛意識CD，自己口述接下來半年的計畫，然後每天聽。還有畫一幅理想圖畫，同理推薦給想找到愛人的單身男女，停止「我怕我怕」的思維，開啟「我想我想」，給自己錄一個潛意識CD，或者畫一幅畫，主題是十年後我的家庭。

然後每天聽每天看妳的理想家庭，找出從今天現在到達那裡的路徑。組成那樣的理想家庭，他或她必須具備什麼樣的品格和能力，妳又必須具備什麼樣的能力，妳需要哪些修正？妳需要去開拓哪些管道？職業要規劃，戀愛家庭難道就不需要規劃嗎？妳生命中最悲慘的事就是抱怨過去，最有能量的事就是激起渴望。

梁凱恩的培訓專注在如何改變人生，改變人生從擁有夢想開始。他是個相信夢想又能實現夢想的人，他說悲戚的人生從問爛問題開始，比如：我為什麼窮？我為什麼不成功？別人為什麼拒絕我？而好問題是：我如何才能富裕？如何能打動別人？——**轉給老是問「我為什麼沒有男人」的單身女們，把問題改成「我怎樣才能找到男人」？**

他談自信五大要點：

第一，說話以「我」字開頭；

第二，講好自己人生的故事（積極的還是消極的角度）；

第三，十年後你希望自己什麼樣，從十年後的角度看今天的自己，反推今天該做什麼；

第四，知道自己的天賦（最擅長做什麼）；

第五，身邊有催眠師（一直鼓勵妳的夥伴）。

我借用梁凱恩的理念談戀愛婚姻：

第一，說話以「我」字開頭，不要用「別人都」開頭；

第二，講好妳過去的感情故事，拋棄習慣性負面思維；

第三，想好十年後妳的婚姻是什麼樣，反推到今天該找什麼樣的對象；

第四，知道自己的個性，知道自己適合什麼樣的對象；

第五，跟樂觀的人交朋友，一直有鼓勵妳的夥伴，才能遠離負面能量。

10 妳確實還不夠格談結婚

問：我對自己要求很高，工作很好，賺得不少，可就是婚姻大事沒弄明白。眼看就要三十歲了，表面不著急，但看看周圍朋友有時也挺尷尬的，每次相親都以失敗告終，我一直堅信寧缺勿濫，要找一個自己有感覺的人。去年年底遇到了一個讓我有感覺的男孩，我們年紀相仿，也是我喜歡的類型——個人能力比較強，我相信他以後能有發展。

我們很快就談婚論嫁，問題也就來了：他想今年十月結婚，可是我還沒準備好，主要有心結，他的家庭條件非常普通，貸款的二手房，工作經常出差週末才能回來，雖然是周邊城市幾小時的路程，但一想到心裡就很不是滋味，畢竟過日子不就是過得這個人嘛。

我已婚的朋友住的都是新房子，我覺得我住舊房子很沒有面子。男友說這個房子他也不太滿意，但就目前經濟狀態沒有能力換新房子。我很心煩，如果我因為房子失去他，以後會不會還能有令我動心的人出現，我也不敢想等到三十幾歲遇到的可能都是二婚的了。

答：哈哈，遇到的條件好的二婚恐怕都不想要三十幾歲的妳！妳確實還不明白婚姻是什麼，這麼說吧，妳連男人是什麼還都沒明白呢，怎麼能去結婚呢？妳還得結結實實談個幾回戀愛才行呢？人的心理年齡跟生理年齡不同，我不知道妳那些已婚的同學們是否都夠格結婚了，至少妳不夠格。

現在妳至少知道了關於男人的這麼幾點：跟妳有感覺的，物質條件可能不好；有上進心的，可能工作太忙；三十歲還沒房沒車的，以後可能是潛力股；關起門來讓妳舒服的男人，可能帶不出去面子上不好看……我相信妳那些已婚女同學的丈夫們，也有著這樣那樣的說出來不太有面子的方面，只是，她們不會跟妳說；而妳呢，似乎也以為，只要結婚了，就萬事大吉了。

她們現在已婚，不等於不會有二婚。昨天跟四十一歲的新婚女朋友吃飯，她老公是個三十四歲的帥哥！當然，肯定也有很多但是，但是……但是，我的女朋友已經夠成熟了，夠明白男人了，她不會希望男人冬暖夏涼物美價廉而且還安全保值。

我以前公司的老闆，世界五百強中國區 CEO，才三十三歲的男人，有老婆孩子。但是，他大概每個月有三分之二時間在出差。妳覺得如何呢？也許妳要說，不會啦，他是 CEO 嘛，應該的呀。哈哈，看，什麼都是有對等條件的。

另一方面，我也不認為妳近三十歲的男朋友現在就需要結婚。我一直認為三十歲以下的男人都是孩子，男人不到三十五歲都用不著結婚。他何必現在就跟妳這麼個嫌東嫌西的女人結婚呢？再過五六年，年輕的女人都搶著要他！

麻辣

【麻辣情醫的愛情金句】

妳為什麼談不好戀愛？

01
找男人是妳目前的頭等大事嗎？

除了不做違反道德、法律的事情，妳願意使用一切手段找男人嗎？

妳願意為了找男人投入必要的時間、金錢和精力嗎？

我理解的緣分是，上天給了妳一個機會，而妳即時看到了他，抓住了他。

02
我到處都看到男人，而她們怎麼都看不到男人。她們從來不把男同事當男人。

03
她們在法律上是單身，但是在生活方式上不是，她們已經跟父母結婚了。

04
男人要浪漫、幽默、性感，有魅力，同時又要對我之外的其他女人完全絕緣。男人要事業有成佔據高位，同時又不能太忙常常在家陪我看電視。男人要聽話、戀家、會做家務事，同時又要有遠見卓識、有魄力、能被依賴。什麼都不投入，男人怎麼就會從天下掉下來呢？

05
最經典的一句話就是：我再也不相信愛情了，嫁個有錢人算了！好像門口有一排有錢人等著她似的。

06 她們會把那點痛苦無限放大，好像世界末日來臨了一樣。

07 每當談到選擇男人的條件，女人們總是如長江之水滔滔不絕，再看看她們自己的條件，也不過如此。

08 男人找老婆為什麼容易？因為男人的思路永遠是可以退而求其次。

妳要怎麼談戀愛

01 ATTITUDE IS EVERYTHING（態度決定一切）。

02 男人在哪裡？男人可能在任何地方，但是絕對不會在一個地方——妳家裡、妳和妳父母的家裡。剩女們的消極態度，也跟父母的不良教育有關。

03 人跟動物一樣，在求偶期就要發出自己的氣味。

04 在確立正式的戀愛關係以前，異性朋友多多益善。

05 不要把結婚當作成功的象徵，離婚的人都結過婚。

06 愛情不是扶貧，不要幻想一個什麼都比自己好的男人。

07 在成為那個妳中意的人的路上，Mr Right 就會出現！

08 談戀愛也是一種能力。上天太忙了，沒空替妳安排。女人的主動有時就是妳要站在男人看得見的地方。

09偏見是人類的天性，我們終生都在跟偏見鬥爭。他的腦門上不會貼「對的人」三個字，有時看起來是好的男人其實並不好。

10魅力點來自於自己的發現，也有來自同性、異性朋友的反應。轉角遇到愛的機率跟被雷劈到一樣，遇到賣烤紅薯的機率比較高。

11男女之愛，在於用心。

12轉給老是問「我為什麼沒有男人」的單身女們，把問題改成「我怎樣才能找到男人」？

第一，說話以「我」字開頭，不要用「別人都」開頭。

第二，講好妳過去的感情故事，拋棄習慣性負面思維。

第三，想好十年後妳的婚姻是什麼樣，反推到今天該找什麼樣的對象。

第四，知道自己的個性，知道自己適合什麼樣的對象。

第五，跟樂觀的人交朋友，一直有鼓勵妳的夥伴，才能遠離負面能量。

第二章　妳為什麼自卑

一個人面對他無法應付的問題時，他表示他絕對無法解決這個問題，此時出現的情緒就是自卑情緒。他限制自己的活動範圍，苦心孤詣避免失敗，而不是追求成功。他用這種方式為自己築起了一座窄小的城堡，關上門窗並遠隔清風、陽光和新鮮空氣。

——阿德勒《自卑與超越》

1
我天生不討人喜歡，
大家都不喜歡我……
我很自卑……
2
其實你並沒有天生討人厭，
國小時還是很受女生歡迎啊……
3
她們只是貪圖我功課好，
想叫我考試時傳紙條給她們……
4
。。。。

01 妳為什麼自卑？

「妳以為我窮，不好看，就沒有感情嗎？」——二〇一一年，《簡愛》被第十九次搬上銀幕，是文學史上被拍成電影最多次的小說。這是我那一代文藝女青年膜拜的臺詞。長得不理想能妨礙妳什麼呢？燃燒妳的鬥志，表達真摯的情感，那遠比長相更動人。

二〇一一年我和上海 SALSA 舞教父劉忠創辦「戀愛訓練營」，劉忠看到幾個來報名的女學員很驚奇：長這麼漂亮還要來這裡幹嗎？我說因為她們都覺得自己很難看，並且認為這就是她們找不到男人的原因。知道嗎，林青霞也曾經認為自己很難看，並認為這就是她愛情不順的原因。

有個討厭我的網友說我「長得不理想，想得太理想」。她的看法很有趣，我要長得多理想才可以想得理想呢？也許她認為能上講台上電視的女人必須長得理想，女人長得不理想是第一悲痛的事情，還不如死去呢。我猜她也是個長得不理想的女人，活得不開心，不然不會這麼說。

我的長相跟電影明星比不理想，做為普通人很端正。以前看過李銀河回憶王小波（註9）的一段文字，說他們談戀愛，她自認他們倆都是長得不好看的人，但是愛情不只存在於美女與帥哥之間，兩個不好看的人也有深沉纏綿的愛情。印象深刻，感人至深。我們看多了偶像劇，以為愛情只配漂亮的男女有。

一個老外看到這麼多中國女人為自己的外貌自卑，透過他的中國女友對那些女人提問：why these women care so much how they look, but not how much she could be more wise? Think about what you can do to change your brian, what you can do for those people who need your help and what you can do for this world.（妳為什麼那麼在意自己的長相，而不想想如何讓自己更有智慧？想想如何改變自己的思維，如何說明那些需要妳說明的人，如何為這個世界出力。）

「戀愛訓練營」的女生會說自己身材不好，動作不協調，不會跳舞，去SALSA PARTY很自卑，我的搭檔劉忠就會指著我說「看看吳老師」（身材不理想跳舞很靈），我很樂意當這樣的榜樣。二十年前我在美國留學，在中餐館端盤子，老闆是越戰難民逃來美國的華僑，全家人守著餐館度日。他說，小吳啊，妳不打扮七十五分，打扮一下八十五分。我說，老闆你說高了，我不打扮七十分，打扮一下八十分。二十年過去了，七十分長相的小吳為自己披荊斬棘，為他人傳道解惑，友情、愛情、婚姻、孩子、事業、理想……我想要的都已得到，我四十三年的人生經驗累積了彪悍的正面能量。我和劉忠都是「一切皆有可能」的信仰者，源源不斷地輸送能量給需要鼓舞的人，如今我給自己打九十分。

註9：王小波：中國當代著名學者、作家。他的代表作品有《黃金時代》、《白銀時代》、《黑鐵時代》等。

02

轉換心靈視覺

「轉換心靈視覺，提升心靈素質」，這兩句話是中國大陸地區的現代傳播公司董事長邵忠先生說的，他是媒體行業的先鋒人物，旗下最有名的媒體是《週末畫報》。雖然邵先生不是心理諮商師，但是「轉換心靈視覺，提升心靈素質」其實就是心理諮商師幫助來訪者所做的事情。

推薦一本書《我是誰——心理諮商與意像對話技術》，作者是北京的心理專家朱建軍博士。他創立了一門意向對話的技術，讓來訪者想像出一個意象，他就可以做解釋，跟解夢一樣，可以揭示內心活動。而且，他可以參與到對方的這個「清醒的夢」中，修改他的夢。夢中的行為是他心理活動的象徵，改變了這個行為也就可以改變他的心理。

朱建軍讓大家看看自己「心的容貌」，由此就可以瞭解自己的心態。方法是：選一個安靜的無人打擾的地方，閉上眼睛，放鬆身體，讓心裡的雜念減少。然後想像自己沿著一個樓梯向下走。四周光線不是很亮，樓梯拐角處有一面大鏡子。在想像中，妳在鏡中看到的不是自己，而是另一個面目，甚至可能是動植物。不要想應該是什麼模樣，而是等著鏡子裡的形象慢慢清晰起來。

朱博士的一個女諮詢人，是個高薪漂亮的女白領，可是她在想像的鏡子裡看到的自己是一個醜陋的沒有安全感的小女孩。原來她的家庭一直令她痛苦，父母從來就不肯定她；另一個男當事人一表人才，可是他看到的鏡中人是面目猙獰，原來他一直對社會對他人心懷仇恨。**而妳的「心」是什麼樣子？不妨也來照一照。**

「讓無力者有力，讓徘徊者前行」，是《南方週末》的一句口號，我很喜歡，也是我開部落格做心理諮商的宗旨。**想讓自己從無力變成有力，就必須轉換心靈的視覺。**無論妳曾經有過什麼樣的遭遇，無論妳曾經如何評價自己，此時此地必須扔掉那副名叫「痛苦」的眼鏡。把妳的狀態調到所希望的頻道，讓身心統一，享受快樂的人生。

03 對自卑說「Hi，妳好」

問題：看了妳那篇《不能向愛人「借」的能力》，我感到妳列出的若干能力中最困難的就是：做個自由的人，不受內外因素左右。我是一個在中國教育制度下長大的80後，在家是乖乖女，同時又缺乏自信，很容易自卑和被別人影響。渴望妳能幫我出個意見，如何修練才能成為一個自由的人？（小A）

問題：從小我的弟弟長得就很漂亮，而我又胖又不好看又不會說話，親戚朋友都喜歡弟弟，這是我自卑的一個原因。曾經有人喜歡我，只是我不敢相信那是真的，越是自己喜歡的人我對他越疏離，害怕如果他知道我喜歡他而他不喜歡我怎麼辦！

我至今三十歲都沒有戀愛過，圈子非常窄又不愛出去，曾想過要不就自己過吧。看了妳關於剩女的那幾篇文章，都能對上自己的情況。我知道是我自己的問題，但是真正問題出在哪裡我並不知道。現在凡是有點機會都會讓人家知道我是單身，如果有好的可以幫我介紹。但要問我想找什麼條件的，我真的說不出，真的不知道我要找什麼樣的。我也想找條件好的，但是我又覺得條件好的不會找我，我不知道我有什麼地方值得男人愛。是不是因為我不知道怎麼愛自

己，所以別人都不愛我呢？我病得很重吧？妳能告訴我怎麼辦嗎？（大C）

回答：我跟妳說說我是怎麼治療我自己的自卑吧。對，我也是有自卑的。其實，誰沒有呢？我從四歲開始就從別人的誇讚裡知道我是個聰明孩子，同時我也知道了另一個事實——我不是個漂亮的孩子。做為一個女孩子來說，不漂亮是多麼的……

小學時我很喜歡跳舞，是班裡的康樂股長，還能編舞，但是我始終不相信觀眾會喜歡看我，他們應該喜歡看我旁邊的漂亮女同學吧！

我對自己外貌身材的自卑感揮之不去，這樣固執的想法一直持續到五年前。某一天，因為要應付公司年會出節目，我練習了國標拉丁，碰上了一位年輕的好老師，後來就迷上了這個舞蹈。至今已經跟教練一對一練了四年，偶爾也拿出來炫耀一下嚇人一大跳，還計畫參加比賽。後來我看了林懷民的現代舞團雲門舞集的演出，第一次看到了高矮胖瘦不一的舞者，同樣能表現出生命的張力，帶給觀眾超乎尋常的美的享受。我從不敢看鏡子裡的自己到能揮灑自如，感悟到了一個以前我不曾看到的事實：**人在靜態中和動態中是不一樣的，舞蹈之美不單是舞者形體的線條美，更是情感和內在激情的自然流露**。所有看過我跳舞的朋友都說，妳跳舞的時候簡直是另一個人。

我對外貌的自卑感就這樣治療好了。我的體會是，**自卑感來自於我們非理性的認知——我一定是不好看的、我一定是笨的、別人一定不喜歡我、我一定解決不了這個問題，然後我們把**

自己封閉起來，不嘗試，不讓自己有一點接觸未知的可能。然而，越不接觸，越沒有機會發現，越沒有機會改變，自卑感也就越深重。

小A，如果妳至今還沒有離開家，離開父母，治療妳自卑最好的方法就是搬出來獨立生活，自己賺錢，自己花時間料理生活中的一切。**用妳的生活經歷來一點一滴地讓自己看到自己的能力。**

大C，妳的所有精力都關注在妳自己身上，妳對別人對男人毫無興趣。妳滿腦子想的都是如何避免失敗，避免跟人接觸。走出妳的房間，關注一下別人，不論是男人，還是女人、孩子、老人，關注一下社會也好。**打開窗，妳才有可能讓清新的空氣進來。**

妳不知道什麼條件是好條件，是因為妳壓根不認識什麼人，妳的生活經驗是一片空白。把自己的努力目標訂得低一點，不要希望一步到位找到男人結婚，而是先交上幾個好朋友，無論男女；或者除了工作之外培養出一個愛好。只有妳的生活豐富了開心了，妳才會有機會遇到對的男人。

04 親愛的，外面沒有別人

問：我的自卑來自於天生不討人喜歡，而且無論如何也想不明白是為什麼。我從小就孤僻，幼稚園男同學欺負我，把我的書包扔地上。女孩們一起玩，就是不跟我一起。國小只有貪圖我學習好，想叫我考試給她們塞紙條的女孩才和我玩。國中和誰都鬧彆扭。

高中真正意識到自己是不受歡迎的人。當時，身邊有一個富家小姐同學，總是她說我聽，她說的我都不知道，只能傻笑。我緊張得要死，但是又因為她美麗聰明而捨不得離開她。到大學恐懼達到頂峰，我參加了幾乎學校所有的活動，認識了很多學生會的人，但是就是這些人成了我更大的煩惱。

我怕見人，平常要出門都嚇得不敢，我怕碰到他們不知道和他們說什麼。我的日記滿篇滿本都是對周圍人的恐懼，對他人眼神語氣的觀察，擔心他們討厭我。在宿舍沒人喜歡我，我最後不能回宿舍住，只能回家。還好我是教師的孩子，不然大概會活不下去了。

研究所我上了在北京的名校，身邊很多厲害的人，又不懂社交，過得很苦。我日日都在思考，為什麼我是一個不受歡迎的人？是我太窮，什麼都沒見過沒聽過，人家嫌我沒意思？是我長得不漂亮，穿衣服太土？還是嘴笨，沒有幽默感？

答：一開始我看妳的敘述，還以為妳是居住在偏遠山區沒受過什麼好教育的人，後來才明白，妳居然是生活在北京的名校研究所，而且父母是教師。妳用了很多筆墨非常誇張的形容自己的「窮」；妳列舉的小時候的不愉快是大多數人都有的，包括我，實在不算什麼特別痛苦的經驗。問題是，妳對這些事情的反應特別大、特別負面。**妳對他人採用的是先入為主的「有罪」判斷──他們都是對妳不好的，都是不喜歡妳的；而我對所有的陌生人首先採用的是「無罪」判斷──他們都跟我一樣對他人充滿興趣，都是善意的。**如果有些人沒有那麼善，那也是我透過交往慢慢發現的，然後我可以決定不跟他們來往。

妳的描述可以總結為一句話「他人是地獄」，我不由得想到了《紅樓夢》裡的兩個人物：林黛玉和史湘雲。她們兩個年齡相近，都是因為失去父母到賈府投親。林黛玉是賈母的外孫女，史湘雲是賈母娘家兄弟的孫女，從親戚關係上來說黛玉跟賈母的關係還近一點。

林黛玉從踏進賈府的第一步，就決定「不要多說一句話，不要多走一步路」，處處設防。她在心理上把自己定位成「我是孤兒，我很窮，我是來寄人籬下的，別人都會看不起我。賈府的人都是勢力眼，沒有一個好人」。懷著這樣的假設，她很快就給大家留下了「愛使小性、愛諷刺人難相處」的印象。在跟姐妹們的相處中，只要一涉及到家庭背景的話題，她就特別敏感，自艾自怨，喜歡說挖苦別人的話，達到自衛的目的。

做為一個才女，她話中帶刺的語言，對別人很有殺傷力。連老媽子罵丫環，她都認為是含沙射影故意說給她聽的。在「寶釵撲蝶」的段落，兩個丫環生怕私房話被別人聽去，特別是怕被林姑娘聽去，因為她太尖酸刻薄了。後來她跟寶玉互生愛慕，雖然對方恨不得挖出心來給她看，她還是天天把寶釵視為情敵，使出各種方法來考驗寶玉，因為「他家比我富有，他漂亮有才，特別是他人緣好，上上下下都喜歡他」。

以前我上心理學課的時候，老師用《紅樓夢》裡的人物舉例，問誰是心理能量最大的人，有人說是王熙鳳，有人說是探春。有個同學說是黛玉，大家很詫異，他說因為她的眼淚從春流到夏，從秋流到冬，這麼能哭可見能量很大，同學們大笑。

而另一個孤女史湘雲，風格就完全不同。她樂天直爽，真誠待人，沒有因為自己寄人籬下而戴上「自卑」的面具。她跟姐妹們和寶玉相處時一點都不謹慎，愛笑愛鬧，醉眠芍藥大啖鹿肉，一派俠女風範。「小燕子」似的史湘雲，也有燈下織補的辛酸，不過絲毫不影響她頑強的生命力。

心理學大師阿德勒的《自卑和超越》一書中提到，童年經驗可以用許多不同的方式來解釋，有的人對不愉快的經驗，除了讓自己知道一些防範措施外，幾乎不會影響他們對生活的態度，他們會覺得**「我必須努力改變這種糟糕的環境，確保我的孩子以後不再經歷這些不愉快」**。而另一種人覺得「生活是不公平的，別人總是佔盡了便宜。既然世界這樣對待我，我為什麼要善待這個世界」？第三種人覺得「我童年遭遇了不幸，所以我現在做的每件事情都是情有可原的」。這三種人對童年經驗的解釋都會表現在他們的行為裡，只要他們沒有改變自己的解釋，他們的行為就不會有所變。

我常說，人跟人的不同，不是我們經歷過的事情有多麼不同，而是我們對這些經歷的解釋和感悟非常不同。**妳的痛苦來自於妳對生活經歷的解釋，這樣的解釋孕育出嚴重的痛苦的感覺。**

親愛的，外面沒有別人，所有的外在事物都是妳內在投射出來的結果。妳也許從小被教導應該是一個聰明的比身邊人都強的人，所以妳壓抑否認自己不聰明的地方。於是，任何外人的行為，哪怕是幼稚園調皮男生的作弄，都會提醒妳「我其實很不聰明比不上別人」。別人是閉門造車，妳是閉門造自卑。**他人不是監獄，是妳自己畫地為牢，把自己囚禁至今。**

1
大家認為《紅樓夢》中誰的心理能量最大？
2
……探春！
……王熙鳳！
……黛玉……
3
爲什麼是黛玉？
4
因為她的眼淚從春流到夏，
從秋流到冬……

05 珍惜生命，不當 Yesbuter

Yesbuter 是什麼意思？

Yesbuter 來自古典的書《拆掉思維的牆》，古典是一個職業規劃師，他曾經是新東方的英語老師，他創造了一個詞彙 Yesbuter，就是喜歡說 yes…… but 的人，就是喜歡說「道理我都懂，但是……」的人。這樣的人在妳的身邊比比皆是。

我創辦「戀愛訓練營」，目的是說明單身男女掃清戀愛盲區，**看清自己的問題，明白內心真正的情感需求**。有位女學員問了一連串的問題——

女學員：我的社交圈很小，沒有認識男人的機會。

吳：為什麼不多去參加各種活動，多認識人呢？

女學員：我也想啊，但是我參加了一些活動，發現他們都很沒有意思，我就不想再去了。

吳：妳可以上有關婚姻戀愛網站，或者讓朋友介紹相親啊。

女學員：我有試過，但是我認為網路徵婚不可靠，那些需要相親的人都有問題。

吳：妳要是實在不想結婚，也可以啊，結婚不是唯一幸福的出路。

女學員：我是不那麼想結婚，但是我父母一直催我，社會給我的壓力很大，他們都說婚姻本來就是平淡的，不要要求太高。

吳：婚姻確實是平淡的，如果妳能享受平淡的生活，未嘗不是一種幸福。

女學員：我也相信平平淡淡才是真，但是我還沒有好好戀愛過，我真的不甘心現在就為了結婚而結婚。

吳：那妳可以盡情戀愛，目的性不要太強。

女學員：我也想啊，但是，我覺得不以結婚為目的的戀愛很沒有安全感……

這樣的「雖然……但是」還可以無窮無盡地繼續下去，絕望得讓妳想撞牆，妳會覺得世界一片漆黑，了無生趣，沒有任何出路。這種人就是 Yesbuter。Adidas 的廣告語是 Nothing is impossible，而對 Yesbuter 來說 Everything is impossible。

二〇一一年我在中國大陸的浙江衛視《婚姻保衛戰》做駐場心理嘉賓，這是一檔專門為年輕的離婚女子徵婚的節目。上台的女嘉賓都有離婚經驗，她們想找的男人都是「成熟穩重負責任有安全感」。當我問她們什麼是「有安全感」的時候，她們都回答「什麼都比我強的，可以依靠的男人」。我再追問她們，**什麼都比妳強的男人，為什麼要選妳呢？難道強大的男人天生就喜歡弱小的女人嗎？**什麼都比妳強的男人是婚姻市場的搶手貨，妳憑什麼跟別的女人競爭呢？難道是比誰更弱嗎？

這些女人以為：安全感是透過男人得到的，是男人賜予的。一個三十歲的 Yesbuter 單身女人瘋狂相親，越相越絕望，懷疑自己得了輕度抑鬱。她來跟我做心理諮商，不斷地說「他們都催我……壓力很大」、「我要給大家一個交代」、「世俗觀念都說……」。我讓她畫一張她的社會關係圖，寫清楚她所說的「他們」、「大家」、「世俗觀念」都是誰。她寫了十個人的名字，除了父母以外，都是不經常見面、沒有深層交流和她也並不喜愛欣賞的人。「他們」每一個都跟她說：妳要趕緊結婚，妳這樣的條件還挑什麼呢，妳都三十歲了，妳已經是滯銷貨了……當她跟我敘述這些的時候，細長美麗的手指在顫抖，萬分恐懼。

用古典的話來說，Yesbuter 被自己的安全感囚禁，關在看不見的牢籠裡，他們是安全感的奴隸。這個房間用恐懼做牆，用惡毒的信念做水泥，把自己隔絕在有意義的生活之外。上面這個可憐的絕望單身女人，腦子裡如同《全面啟動》一樣被設置了一個惡毒的信念：沒有男人是悲慘的，沒有男人妳活不下去！

Yesbuter 同時也是自卑的，我文章開頭提到的那位女學員，長相很柔美，可是她卻對自己很不滿意。我讓其他的學員一起幫她發掘她身上的優點，長得漂亮的部分，並鼓勵她每天看鏡子，無條件地接納自己。

她說：但是（又但是了），說來容易做到難，我這麼多年一直想要克服自卑，努力打電話去福利中心想當義工，人家問我特長是什麼，要按特長安排活動，我不知道自己有什麼特長。努力出去見人拓寬交際圈子，可是每次回來仍然和以前一樣，沒有多一個朋友。結果，這麼些年，我還是沒有變自信。從自己早就織起來的繭子裡衝出去，真的好難。

上個週末我和一位女性朋友參加了一個party，她沒有我漂亮，主動程度也和我差不多，不過很多人都找她聊天而不跟我聊天。經常遇到這樣情況讓我變得更不自信。真不知道該怎麼做。

我說：也許妳沒有唱歌跳舞逗小孩的特長，但是妳可以告訴他們「我的特長是不怕苦不怕累，請把最累最苦最沒人願意做的工作給我」！妳見人的時候有跟人交換聯絡方式嗎？回來以後妳是等著別人給妳打電話嗎？妳會不會主動約上次見過面的人，不論男女出來喝杯茶吃個飯？然後再決定我們還有沒有下一次喝茶吃飯或者一起出去玩。

去問問妳的那位女朋友，她當晚的感受是否跟妳一樣？是不是也一直在心裡跟妳攀比？我相信她沒有，她只顧開心了。而妳呢，在心裡計算有幾個人主動來跟妳聊天，比她多還是少。計算的結果每次都能讓妳滿意——**妳真的不受歡迎不自信，妳在忙著計算呢，別人並沒有接收到妳想聊天的信號。**

摘錄古典書中的一段：為什麼妳聽了一場成功學講座，激動得神魂顛倒，回家涼風一吹該怎麼樣還怎麼樣？因為心態是一種「態」，聽課的時候溫度上去，就是氣態，回到家沒有這個氛圍了，就自動回歸液態。成功者的態妳學會了，但是他背後的心智模式，妳還是不懂。

所以，**喜歡說「道理我都懂，但是……」的人，其實還是沒懂那些道理，只知其一不知其二。**在我的部落格上，同一篇文章往往有截然不同的評論，有的人說「得到了很大的啟發」，有的人說「道理我都懂，但是……」，有的人喜歡問「如果是妳，妳會怎麼做」。我說這是廢話，妳不會是我。我會怎麼做對妳沒有意義，妳也學不了。

有人說我心態好，「我要是有妳那樣的心態就好了」，心態怎麼學？**心態的後面是價值觀，是對世界的看法**。如果這些根本的東西妳跟我不一樣，那麼我的心態妳也沒法學。

我對男女關係的看法來源於我的基本價值觀（信仰）——自由，平等，博愛，然後我才會認為男女平等，**女人不需要依附男人生存，愛是給予空間不是互相束縛**。如果妳的價值觀根本跟我不一樣，那麼妳必定「學習」不了我的心態。

Yesbuter 把焦點過度聚焦在「克服自卑」這件事情上，那就會成為一道難題，一座大山。而我的興奮點是——我對他人好有興趣啊！我好想去認識更多的人，我想去尋找快樂。這就是我們背後的心智模式，是根本不同的。

安全感不是從別人那裡拿來的，是內心深處一種被別人需要的感覺，是給出來的。想一想，妳想要的男人，妳能給他們什麼？他們為什麼需要妳？妳擁有什麼樣的特質，能讓他們對妳不離不棄？想明白了，妳離幸福也就不遠了。

06 妳知道自己的身材哪裡最美嗎？

某次「戀愛訓練營」專題講座的問題是：妳知道自己的身材哪裡最美嗎？講課老師陸夢帆 Fanny 是大陸地區《優家畫報》副主編，我在《ELLE》雜誌時的老同事，她十幾年前就開始做時裝編輯，歷任《ELLE》、《VOGUE》雜誌時裝總監，拍過無數明星名模，是穿衣打扮的專家。她問學員的第一個問題是：妳知道自己的身材哪裡最美嗎？

十幾年前，我和 Fanny 一起在《ELLE》雜誌工作，我們的老師 Jane（給美國版《ELLE》工作了一輩子的美籍華人，在時尚界屬於很厲害的人）就問過我們這個問題。那時她每個月都會飛來給我們上課，告訴我們時尚的真諦。她說，衣服穿得好的原則就是揚長避短，**中國女人的問題是不知道自己的長處，只知道自己的短處，誇大短處並為此自卑，有時甚至把長處當短處掩蓋**，比如有的女孩以為胸大不好看要遮起來。

一個豐滿的女孩因為覺得自己胖，就從頭到腳穿黑的。Jane 問，一樣體積的一座煤山和一座雪山，誰看上去更重一些？煤山。所以，黑色不一定能幫妳「減肥」，甚至有可能加重。豐滿女孩的長處是什麼？有胸，有臀，有腰。**S曲線是比例造成的，並不是死板固定的標準數字。**

A罩杯的女孩不好看嗎？應該自卑嗎？妳可知道模特大都是A罩杯的？平胸更能把衣服穿

得好看，特別是很多設計師的衣服，鬆鬆垮垮飄飄邋邋，只有竹板身材的女人才能穿出飄逸的味道。

「戀愛訓練營」的女學員大都認為自己不美，170cm的覺得自己太高，156cm的覺得自己太矮……有位女學員的外貌被同學和我打九十分，很好看，可是她不喜歡自己的長相，她希望自己長得像湯唯。我的搭檔戀愛訓練營的教練劉忠哭笑不得，問：「湯唯有什麼好看的？妳們都在抱怨自己不能改變的東西。」

Fanny問156cm嫌自己矮的女學員：「妳知道周迅、SHE、蔡依林有多高嗎？就妳這麼高，有的還比妳矮兩公分呢。」她幫助女學員一個個找到自己身材最美的部分，告訴她們怎麼穿把這些部位顯示出來——妳的手臂很修長，夏天到了，盡量穿無袖的衣服；妳的腿筆直，盡量地露出來吧；妳的腰臀比例很好，一片裙最能顯示出來；妳雖然胖但是有胸，扔掉大媽式樣的寬鬆T恤，穿稍微收身的衣服更苗條……**怎樣才能做一個自信的女人？瞭解妳自己，找出妳最美的部分，展現出來。**

07 完美主義是種病

Perfection is not just about control. It is also about letting go. Surprise yourself so you can surprise the audience. **完美不只在於控制和技巧，完美有時在於隨心所欲。給自己驚喜，於是，妳也能給觀眾驚喜。**二〇一一年，著名影星娜塔麗．波曼憑藉《黑天鵝 Black Swan》獲得金球獎，並且跟法國男編舞喜結良緣還懷孕了。上面這段話是片中芭蕾舞導演對她的教誨，也是我的感悟。最近幾年，工作之餘我致力於兩件事：跳拉丁舞，做瑜伽。它們都不約而同地引領我看到了一個奇妙的事實——身體是有靈性的。瑜伽幫助我內觀，拉丁舞幫助我外交，人活著，不就這兩件事嗎？

身體，讓我表達自己

我從小愛「現」，好動、好表現。六歲時模仿電影演員聲情並茂地唸臺詞。我喜歡編故事，也擅長寫作文，高中參加了上海《青年報》學記團，直到以媒體為業開專欄、寫部落格。對於一個愛「現」的人而言，能自由表達是幸福的；**而對於一個用慣頭腦的「寫字人」而言，能轉用身體表達又是奇妙的，彷彿靈光乍現，接通了自己的身與心，並愈覺得懂得如何用身體表達**

情感。

我從小對自己的身材很自卑，上世紀七〇年代末到九〇年代初，家裡有親戚在上海芭蕾舞團，老能拿到免費票，我有幸看遍了那時的芭蕾舞演出，幾乎一場不落。在這些動作標準的舞蹈裡，我看到了高雅，也看到了舞蹈演員纖細精緻的身型，深深覺得殘酷。

六歲那年本來差點進了上海舞蹈學校，後來想想真是幸事，如果真的去了那裡，我這個身材要怎麼混到畢業呢？但文藝活動一直牽動著我「好現」的神經。在學校，我是班級的康樂股長，總是極其熱衷給小朋友們編舞，還特地跑去芭蕾舞團借服裝。

等工作了，我也自己試著去學SALSA、街舞、芭蕾、爵士舞，它們的趣味和熱鬧勁兒著實吸引我，更關鍵的是，我發現跳這些舞的人並不見得個個手長、腿長、腰線長。這樣我沒那麼忐忑了，貌似也有機會參與一番。

直到五年前，我為自己開啟了一個全新的舞蹈領域——拉丁舞。那次為公司年會準備節目，我臨時抱佛腳跑到一個舞校去，當時覺著探戈最好看，就想學一段去「現」。安排給我的老師是個大男孩，我狐疑地問「你有二十歲嗎」，他不好意思地說「我下個月十九歲」。帶著我還沒跳滿一個小時，他就問我：「妳要不要跳拉丁？妳的氣質比較符合拉丁。」

第二天公司年會上的探戈全跳錯了，因為我一上臺就緊張了，還好老師很鎮定將錯就錯，台下的同事居然沒看出來。我也決定拜這個十九歲的男孩子為師學拉丁，就是我跟了五年的拉丁職業舞者王劭賓，《舞林大會》的明星老師，全國職業新星拉丁冠軍，雖然年輕已經拿過無數獎牌，每年還去英國黑池參加國際比賽。

印象中那些跳拉丁舞的，個個身材凹凸有致，我要怎麼去跳這個舞呢？我上過一個德國老頭的阿根廷探戈課，大家都說他是國際舞蹈冠軍，但胖乎乎的樣子倒像個退休的銀行職員，鬍子拉碴也不修邊幅。老頭用詩當探戈的配樂，用詩來跳舞，實在太棒了，俐落地轉圈，穩穩地站定，讓人忘了他長什麼樣子。

「真正懂這個舞蹈，就能把它跳好看了，雖然不具備完美的身體曲線，但絲毫不影響舞者表現充沛的情感」，這是小王老師的觀點。我原來對舞蹈的認識只是必不可少的天生好身材，還要苦練技術。但現在他告訴我，舞蹈就是用來表達情感的，這聽起來確實很新鮮。我是從中國傳統教育裡走出來的人，擅長用腦子思考，也欣賞自己的頭腦，甚至覺得「頭腦簡單，四肢發達」是條真理，反之，頭腦發達的人，四肢就相對簡單。現在，卻說它們可以用來表達情感，這是什麼樣的感覺呢？

照小王老師的話說，「一定只有懂了，才能跳好。想到了什麼，就跳出了什麼，當什麼想法也沒有，就什麼也跳不出」。比起跳，對於舞蹈的領會似乎更為重要。

有一次學一個動作，我怎麼跳老師都覺得不對，但我不知道問題在哪裡。小王老師特絕望地說：「今天不要再跳了，我們談談吧。」於是，一個半小時的課，我們談了近一個小時。當我理解了其中的所以然時，做出來的這個動作真的有所不同。正如老師所說，把自己放在音樂裡，用心去跳，用感覺去跳。

而當我越來越體會到老師的這些話，真正要用身體把音樂表達出來的時候，又發現其實我的身體不是那麼聽使喚，就好像那些肌肉已經沉睡很久，我要試著去推醒它們。身體中段的肌肉決定了重心的穩定與否，不是說它們要多發達，而是能積聚起多大的力量。

我歷來認為，脖子以下，除了手腳還能幹點事，軀幹部分就是用來放置一堆臟器。但現在，看到它被如此強調，我彷彿突然有了種「不識廬山真面目」的感覺。我還曾經為了不讓步伐太大，用鬆緊帶綁住腿練了兩個禮拜。這些控制力的鍛鍊，都讓我這個以頭腦為傲的人不得不重新去感覺和認識自己的每一塊肌肉。跟隨小王老師學了快四年了，前些天的一次練舞中突然感受到了肌肉的瞬間反射，好神奇啊，真開心！

身體，讓人與人更好地聯結

跟拉丁舞教練王劭賓一起開發了「拉丁兩性關係課」，因為拉丁舞本來就源自兩性關係：曖昧、調情、追逐、誘惑、纏綿、憤怒、背叛……什麼情緒都有。我們拆解拉丁舞語彙，給聽眾直觀的感受：男女怎麼互動，何為保持空間，何為借力，何為默契，何為保持自我的重心，實力相當的兩個人才能跳出美麗的舞蹈。

拉丁舞跳得美，更重要的一點就是與對方的聯結。在這兩個人的舞蹈裡，雙方的配合意義大於技巧。每次跳舞時，我都要全神貫注地感受老師，才能知道他下一步要做什麼。拉丁舞裡，男生引領方向，而女生是跟隨。小王老師形容為「男生是一個畫框，女生是裡面的畫」。

原來跟隨本身就是一種很強的能力，它需要身體能察覺對方給出的信號。而我每次跳的不好時，常常是因為不夠放鬆，肌肉一緊張，就感覺不到對方的引領，還不時手臂僵硬。而當我熟悉某些套路時，又免不了自顧自地跳，特別主動。但事實上，五十首倫巴音樂，五十種跳的感覺，老師沒有改變套路，引帶卻不一樣了，我只有讓自己鬆弛，才能保持靈敏，不至於和他失去聯結。

我以前一直以為火辣的拉丁舞是要求兩人貼得很近，幾乎就黏在一起了。後來我才發現，其實我們常常離得挺遠，又不完全脫離，偶爾一個貼得很近的動作之後，馬上就會分開。這個如此性感的舞蹈，為什麼舞者間會如此保持距離呢？跳過才明白，只有當彼此間有距離的時候，才能真正看見對方的眼睛，也才有更多肢體交流的可能性。

這讓我很自然而然地想到了人與人的關係。我做婚姻戀愛心理諮商時，常常建議來訪者去學習跳拉丁舞，這是關係的舞蹈，在跳舞蹈中身體就會有很多自然反應：什麼樣的距離讓彼此舒服？我喜歡處於主動還是被引領？我在等待什麼，而對方又給到了什麼？這些感覺很直接，而且它比頭腦的想法直接明白多了，但前提是，我是否能感受自己的身體。

身體，讓我觀察自己

學習拉丁舞的過程，對我來說就是一種心理治療。我一直對自己的身材外貌很自卑，開始跟小王老師學舞的時候剛生完孩子一年，身材臃腫。和小王老師一起站在舞蹈房的大鏡子面前，我很惶恐，他年輕身材好是專業舞者，我又老又醜又胖又笨拙。我不敢看鏡子。在小王老師的引帶下，我慢慢地聚焦到舞蹈之美，忘記了自己。

舞蹈能讓妳離開日常的妳，扮演另外一個角色。我在美國留學的時認識一位從臺灣來的老教授，他當護士長的太太幾十年來辛苦養家。某天我去他家玩，驚訝地發現這個家庭婦女，長相的五十幾歲婦人，居然是德州拉丁舞業餘組的銅牌得主。舞蹈比賽錄影上的她，性感妖嬈簡直是另外一個人！她打開衣櫥給我展示她的行頭，一排閃閃發光的舞衣，每件都價值不菲。我對她肅然起敬。

我的夢想是當一個夜總會的舞娘，喜歡《紅磨坊》、《芝加哥》這種歌舞片。過去幾年我所在的公司年會，我的拉丁舞一直是壓軸的節目。當我摘下眼鏡化完妝穿上舞衣急速旋轉的時候，就成了另外一個人。平時熟悉的同事們都會驚呼：這是妳嗎？認不出來了！哈哈，偶爾把舞蹈拿出來嚇嚇人很有趣。

比起拉丁舞，瑜伽在我看來曾是一種緩慢而又無聊的運動。十年前我就親身體驗過，看到瑜伽老師醉心於把腿擱在肩膀上，我認定瑜伽是某種雜技跟我無關。後來好友尹岩創辦了瑜伽教室，一直鍥而不捨地向我宣傳瑜伽，我簡直可以用「抗拒」來形容我對它的感受。但現在，我反而經常去瑜伽教室上課。

遇到對的老師很重要，我在瑜伽教室再次嘗試瑜伽的時候，碰上了吳擁華老師。課堂上，我們做犁式動作，他說了句讓我特別暖心的話，「妳自己找個手腳舒服的位置，不一定像我一樣，身體舒適的位置就是對的姿勢。」哇，我當時就驚嚇到了，這不正是我一直想找的嗎？這個理念和我的價值觀太吻合了。

我從小就特別叛逆，我總是憤怒於答案為什麼只可以有一個，比如成功，社會對此有個主流而正統的界定，大部分人也看重那個結果卻不是過程。但我認為，每個人都應該有讓他特別舒服的生活方式，而不是只有一條道路。所以他的說法讓我欣然接受，也讓我願意重新體驗瑜伽。

傳統觀念教會我輕視身體的感覺，它提倡拼搏、忍耐，嘉許帶病堅持工作，並把它們都看作是一種美德。我還清楚地記得以前聽過一句特別經典的成功學口號：「三十歲之前把自己榨乾，三十歲以後退休」。榨乾以後還能復原嗎？古代的中國人很注重養生，注重身體的反應，不過現在，傳統的養生之道似乎已淹沒在社會的急功近利中。

平時，我也從來沒想過我的背，我的胸，我的脊椎，只有尾椎磕痛，頸椎骨質增生的時候才能感覺到它們的存在。做瑜伽時，老師總會不斷地提到各個部位的感覺，這讓我第一次清楚地知道這些身體部位，並有意識地去感覺或者控制它們。

瑜伽教給我觀察自己特別好的方法，我最初的身體反應是緊張的，在冥想階段就能看出來。我的身體絲毫不會騙人，因為學過點心理學，我很抵觸引導之類的心理暗示，躺在地上就嘀咕：你可別說了，這不都騙我嗎？所以我不但會在地上繼續動，而且身體也很緊張和抗拒。

老師讓我們敞開雙手，手心往上，但這是最容易受攻擊的，所以我總是習慣性手背朝上，直到有一天當我也把手心向上的時候，才發現舒服多了。老師還讓我們想像睡在沙灘上，人好像沉到沙子裡去了，我起初覺得地板是硬的，陷不下去，後來才漸漸有感覺了。還有想像一滴水，從頭上流下來，流經額頭、鼻子……這麼細微的感受，要在以前根本無法體會和想像。這些都讓我高度關注自己，也感覺到身上越來越多的點，並且越來越敏感。

呼吸，是瑜伽裡非常核心的練習。以前老師說呼吸，我不理解呼吸和體式有什麼關係，後來我發現當我吐出氣的時候，比如彎腰能更下來點，或是身體能再扭轉過去，三節課後發現自己也能完成某個動作，很讓我驚喜。我發現這也是瑜伽的一種哲學，一週前做到這個位置，一週後可能做得更深，這讓我看到了事物的可變化性。

以前成天操控大腦，想天想地，練體式的時候，身體就會去和大腦去說話，告訴它到什麼樣的位置是舒服的。這種東西需要非常安靜和專注的時候，才能感覺到，所以整個瑜伽過程讓我透過呼吸和身體反應進入了我的內在。最近的一次呼吸練習，在老師的引帶下，我一分鐘居然只呼吸了四次！而且有那麼幾秒種完全不呼吸，卻有從未體驗過的舒服的感覺，太奇妙了。

說來神奇，拉丁舞和瑜伽之間還有聯繫，我只要前一天練了瑜伽，後一天拉丁舞就會跳得好，當我把那口氣吐掉，重心就站得更穩了，看來用呼吸控制身體的道理，兩者間是相通的，它們都讓我對身體有了新的發現。同時，我的「心性」也轉變不少，比如，我在部落格裡回答情感問題，雖然還是一針見血，但口氣溫和許多，不太容易被激怒，也少了挖苦和諷刺。

二〇〇九年夏天，我參加了荷蘭舞蹈心理治療專家 Zvika 的工作坊，他在四十歲之前是個舞者。彷彿是一見鍾情，舞蹈心理治療正是我一直尋求的最適合我的技術。上完他的課，我馬上把舞蹈心理治療用到了我給企業的心理培訓中，效果非常好。看到更多的人喚醒了身體的靈性，打通了身和心的隔閡，我由衷地喜悅。

【麻辣情醫帶妳認識自我】

親愛的，不要閉門造自卑，認識妳的長相認識妳的內心

01 長得不理想能妨礙妳什麼呢？燃燒妳的鬥志，表達真摯的情感，那遠比長相更動人。

02 想讓自己從無力變成有力，就必須轉換心靈的視覺。妳的「心」是什麼樣子？不妨也來照一照。

03 自卑感來自於我們非理性的認知——我一定是不好看的、我一定是笨的、別人一定不喜歡我、我一定解決不了這個問題，然後我們把自己封閉起來，不嘗試，不讓自己有一點接觸未知的可能。然而，越不接觸，越沒有機會發現，越沒有機會改變，自卑感也就越深重。

04 妳對他人採用的是先入為主的「有罪」判斷——他們都是對妳不好的，都是不喜歡妳的；而我對所有的陌生人首先採用的是「無罪」判斷——他們都跟我一樣對他人充滿興趣，都是善意的。

05 妳的痛苦來自於妳對生活經歷的解釋，這樣的解釋孕育出嚴重的痛苦的感覺。

06親愛的，外面沒有別人，所有的外在事物都是妳內在投射出來的結果。

07他人不是監獄，是妳自己畫地為牢，把自己囚禁至今。用妳的生活經歷來一點一滴地讓自己看到自己的能力。

08這些女人以為：安全感是透過男人得到的，是男人賜予的。安全感不是從別人那裡拿來的，是內心深處一種被別人需要的感覺，是給出來的。

09女人不需要依附男人生存，愛是給予空間不是互相束縛。

10 Yesbuter把焦點過度聚焦在「克服自卑」這件事情上，那就會成為一道難題，一座大山。

11 S曲線是比例造成的，並不是死板固定的標準數字。

12怎樣才能做一個自信的女人？瞭解妳自己，找出妳最美的部分，展現出來。

第三章　那些有毒的戀愛教條

「不以結婚為目的的戀愛都是耍流氓」

「書中自有黃金屋，書中自有顏如玉」

「婚姻是女人一輩子的事，女人二十五歲不結婚就掉價了」

…………

老古話，妳父母，七大姑八大姨，網路上走紅的「情感磚家」，妳同學同事，鄰居，都在教妳一些類似上述的戀愛婚姻的金科玉律。他們振振有詞，言之鑿鑿。然而，這些所謂的真理非但已經過時，而且有毒。

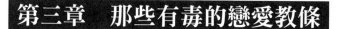

1
我是傳統女性，
第一次一定要保留在新婚之夜。
2
我父母常說未婚前
一定不能做“壞事”……
3
聽妳倆的話好像是
看旱鴨子游泳。
?
?
4
一個說：要嘛我不游，
要嘛我一次就游到對岸。
另一個說：我要直接參加比賽得到金牌。
父母說：不能參加正式游泳比賽就別下水。
。。。。

01 不以結婚為目的的戀愛都是耍流氓

問：我今年三十一歲，女友二十八歲，異地戀半年，昨天我提出分手。我們的交往並不順利，我出身貧寒，她是被當成嬌小姐養，我也不諳風情不懂浪漫。當時也是囊中羞澀，我們之間頻生矛盾，她提了幾次分手，被我苦苦挽留。她思前想後覺得我對她還算可以，說我們都是單身在異地打拼，難免孤獨無助，我們就這樣曖昧吧，如果我有一天遇到意中人，她肯定不會糾纏我。我表示就算最後分手也是她先提出來，我不會提。元旦回家親戚都催婚，畢竟在農村，我這把年紀算不小了，都說如果最後不能結婚，還是早些分手的好，並有人給我提親。

我們還是處於曖昧狀態，她並不想向結婚發展。恰好朋友要給我介紹，我就提出分手，她大哭，頭一次被男人說NO，而且是我，我還曾經承諾過不先說分手。我說完後也發現好像已經離不開她了，思前想後都是她的好，後悔得不行。已經答應朋友相親，騎虎難下。

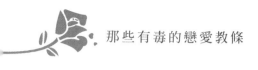

我們之間的障礙是兩個方面：

第一，我現在的戀愛都是以結婚為前提，不是年輕人隨便玩玩，如果覺得沒有結婚的可能性，就不想談沒有結果的戀愛了，畢竟年齡也不允許了。

第二，經濟條件也是一個方面，因為畢竟以後要面對買房子等現實問題。我平時比較節省，和她在一起雖然不算經濟緊張，但是不能儲蓄了。我越是想對她好就越感到壓力大，工作再怎麼努力也賺不到好多錢，就越想逃避。

答：不以結婚為目的的戀愛都是耍流氓——這句話無從考證當時的語境是什麼，上下文是什麼，也不知道什麼時候就成了當下時髦的年輕人喜歡掛在嘴上的教條了。

我一直覺得「以結婚為目的談戀愛」是很好笑的說法。有個笑話取笑日本人：一女生攔住一男生，鞠了一躬說：「山本君，請以結婚為目的跟我交往吧。」男生逃走。

一個人為什麼要結婚？是為了完成你家鄉父老的期望嗎？還是你個人的需求？結婚，是戀愛到一定階段水到渠成的事情，怎麼可能在一開始就能知道她是不是結婚對象呢？

看到網路上很多評論，發現大家對什麼叫「以結婚為目的」的理解非常不同，有人以為就是不顧感情算經濟帳，有人以為是有結婚的願望，有的人就更糊塗了，完全是「拉到籃裡就是菜」。大學生戀愛，我認為不指向婚姻，連什麼是婚姻都不明白，談什麼以結婚為目的呢？請注意，這裡不是說大學裡的戀愛就一定不會結婚。很多講究效率的人就是講條件，直入主題，感情一邊去，或者真的有人相信結婚以後再培養愛情，任務解決了再說。用連岳的話說，就是**婚前一個半死，婚後一個半死，合起來就是一個全死，不耽擱的全死。**

你跟女朋友的問題，根本就是你們沒什麼愛情，關係很一般，屬於反正閒著也是閒著，隨便拍個散拖，也就是你說的曖昧狀態。你們從來沒有進入真正的戀愛狀態，不要以為一旦你想分手，她大哭大鬧就等於你們感情好，這種反應，比小孩被搶了玩具哭鬧差不多。

先去找一個真正相愛的人認真去談戀愛吧，先別想結婚。很多人以為到了三十歲就不能隨便戀愛了，要以結婚為目的了。確實不能隨便戀愛，要認真戀愛，**但是認真戀愛，不等於不談感情，只談條件（房啊車啊）**。你現在這個關係，絕對屬於太隨便。你滿篇算的都是經濟帳，我就是一點都沒看到，你們倆有什麼愛的意思，一點都沒有。要知道結婚難離婚可容易了，只算經濟帳不算感情帳的婚姻，能長久嗎？**地理上的距離，對相愛的人來說，不是問題，很快能解決，比如搬到一個城市；對不愛的人來說，那就是最好的藉口了**。

02 窮小子戀愛是浪費時間

問：我是個男生，父母皆是普通事業公司的工作人員，給我在北京上海買房是不可能了，我也希望他們能安享晚年，不用管我。我知道以後的路要靠自己，所以也一直在積極鍛鍊自己各方面的能力。練英語，讀經濟學、心理學、社會學、政治學等各方面的書籍，不久前當選了學校學生會主席，企圖之一就是可以接觸美女。但因為太忙一直沒時間談戀愛，朋友勸我趁大學好好談一個，免得進入社會以我的條件就沒人看得上了。

我堅信任何感情，親情、友情、愛情都是需要用心經營的，做任何事情都有機會成本，談戀愛肯定分掉不少看書時間。我傾向於讀書的時候好好充實自己，反正年輕，以後戀愛有大把時間。我對工作的傾向也是第一份工作不要太在乎錢能學到東西就好，這樣勢必有很長一段時間我會陷入朋友們說的條件差，沒人看得上的境地了，我當然不爽。現在有很多厲害的人，年輕時不也這樣過來的嗎，憑什麼我去為事業打拼的時候就得這麼尷尬？

我對涉及人性的東西都不抱太高幻想，說不定我年輕的時候真就這麼尷尬而又冷清地過去了，這條路反正是我自己選擇的，也就不會抱怨。有時候我想這個社會是不是不太適合有夢想的窮小子，還是選擇開創事業在任何一個時代都是這樣？

答：我去大學給學生演講，一直說大學最重要的幾件事是——參加社團（廣交朋友），社會實踐，看雜書，談戀愛。而且，最好在大學畢業前完成第一次性經驗和失戀。有了這樣的經驗，才是真正意義上的成年人。**春天就該做春天的事情，秋天做秋天的事情**，很多中年人鬧婚外戀就是結婚前什麼都沒經歷過，活到三十五歲，四十歲忽然發春，心癢得難受。**秋天做春天的事就要付出更大的代價，甚至一蹶不振。**

你顯然從生理上來說是個正常的男生，你還有認識美女的慾望，不過，你顯然是受了中國傳統的「書中自有黃金屋，書中自有顏如玉」的毒害。男女關係也是一門大學問，是需要從小學習的，它比任何一門科目都難，貫穿你的終身。**男女關係的學習，靠看書是沒用的，全要靠實踐**，你的學習好、工作好對你認識女人是一點用都沒有的。**女人是什麼？女人想跟男人要什麼？沒經驗的窮小子不知道，沒經驗的富小子也不知道。**不要以為只要有錢就能招女人喜歡。**女人把你當人肉取款機，還是真的愛你，是兩回事。**

「我傾向於讀書的時候好好充實自己，反正年輕，以後戀愛有大把時間。」——你顯然把男女關係戀愛想得太容易了，事業有成不會戀愛的男女現在可是太多了。他們只會攀比條件，不懂什麼是愛情，沒有愛人的能力也沒有被愛的能力。**事業強人愛情留級生比比皆是，IQ和EQ不是在同一個管道裡學成的。**你讀大學的時候都沒時間戀愛，你以為等你工作了反而會有時間嗎？

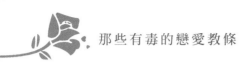

你有沒有去研究過，像著名的企業家，政治家等等，在當窮小子的時候，在情場上是怎麼樣的？據我所知，也是非常的勇猛。而且女人緣很好，甚至還有富家小姐投懷送抱。想知道為什麼嗎？簡單一句話，人格魅力。

「我對涉及人性的東西都不抱太高幻想」——你對人性的認識還在幼稚園的水準，需要補課了。而最好的補課方式，就是去盡情地談一場戀愛。**大學的戀愛不是為結婚用的，是讓你長大成人用的。**

03

男人只想要一張白紙的女人

最近上海OL愛看的《申江服務導報》徵婚版上有兩位姑娘A和B，一個二十六歲，一個二十四歲。A希望「自己能在二年裡嫁掉，要麼不談，要麼就一步到位的幸福女人」。B認為「要一次戀愛成功，不能浪費時間多糾結，最好二十八歲前把孩子生完」。A說「自己是個傳統的女生，希望把第一次保留到新婚之夜」，B說父母經常叮囑「婚前不能做壞事」。

有個超有才的網友比喻為——從未游過泳的人站在泳池前，一個說：要麼我跳進去一次就游到對岸，要麼我就不游。另一個說：我要直接參加游泳比賽拿到金牌。家長說：不能參加正式游泳比賽就別下水。

時光退回到三十年前，80後的媽媽們年輕的時候，這樣的「好女孩」、「規矩女」嫁出去是不成問題的。那個時代女人只要「規矩」、男人只要「老實」就行，大家對結婚的期望就是湊合過日子。以當年熱播的電視劇《渴望》為例，劉慧芳就是個「好女孩」的典型。可是有趣的是，她放著老實厚道愛慕她的宋大成不要，偏去找了個上海作男王滬生，後來一直沒好日子過。可見**「好女孩」更會被「壞男人」吸引**。

今天的時代不同了，男女對婚姻的期望比山還高（物質精神都要求），二十好幾了對男女關係還一無所知的女人，會長期走在相親徵婚的路上，是白費心思的舉動。有人說，這樣也好啊，只要碰到同類的男人就好了。這樣的愛情留級生只會透過相親認識，妳猜他們遇到了會怎麼樣？他們彼此都會不喜歡，說——沒感覺。哈哈，**好女人好男人，都想要壞男人壞女人！**

有女網友留言：「我就是這樣計畫的，一次戀愛就成功結婚了，婚前感情經歷簡單點容易幸福。」我很替她擔心，不少這樣思維的「好女人」自己單方面幸福著，老公早在外面有人了！一次戀愛就結婚的夫妻有嗎？肯定有。他們從來沒有過危機？不可能。結婚不是終點，千萬不要以為婚了就萬事大吉。**雙方都是初戀離婚率很高。**

昨天，有個網友留言說不覺得徵婚的倆姑娘的想法有什麼不好，如果是我就願意娶她們。我當他是男人，就別說如果啊，她們在徵婚呢你去呀。結果她說她是女人！**女人常常犯這樣的錯誤，不知道男人要什麼，想當然地認為男人跟她們想的一樣**。所以，真的要聽聽男人怎麼說。

男人都喜歡沒有感情經歷的好女人嗎？有位單身大叔應邀發言：談過那麼幾次戀愛，有過刻骨銘心，也有過三個人的折騰，幾次就在婚姻門口徘徊卻硬是錯過了，而今想找個可以結婚的對象的時候，更多的關注於女孩子是不是性情穩定，彼此的認知是否相似，價值觀是否相同。**我是明白自己要找什麼人過什麼樣的日子了，也希望找到一個大致知道自己需要什麼追求什麼的女子，這樣她才會在大多數的時間裡不迷茫不折騰**。沒我，她能好好過日子；有我，咱們兩個人能不太內耗地好好交流地過日子。——按照這位大叔的說法，那白紙好女人沒戲了，她們哪裡能懂那麼多啊。

某次「戀愛訓練營」的講座：「好」女人為什麼不如「壞」女人吸引男人？瑪當娜這個象徵性的「壞女人」當年的豪言壯語是：給我一雙高跟鞋，我就能征服全世界。

近三十位女學員只有三人舉手說自己是「壞」女人。我讓大家說出對「壞」女人的定義，她們有什麼特質，大家七嘴八舌，匯總如下：

第一，感情經歷多，性經驗豐富，懂男人；

第二，會利用男人，跟男人要東西問心無愧；

第三，對自己中意的男人會用心研究他，制訂計畫接近他，得到他；

第四，夢想第一，愛情第二，愛自己比愛男人多；

第五，不理會他人的評價和非議；

第六，自我為中心，堅持原則；

第七，明確自己想要什麼人，經得起誘惑，並能誘惑男人；

第八，不達目的誓不甘休；

第九，行動力強，拿得起放得下，捨得下，忘得快；

第十，知道自己的魅力所在，會打扮，不一定很漂亮但是一定很性感；

第十一，在感情世界會腳踩幾隻船。

「好」女人的特質：

第一，以奉獻和犧牲為榮；
第二，仰視男人，崇拜男人，以順從和輔佐為榮；
第三，戀愛經驗少，純潔無知，不懂男人；
第四，經不起誘惑，也不懂得如何誘惑男人；
第五，自己不知道要什麼樣的男人，誰追得凶就歸誰，把男人追求的猛烈理解為愛得深；
第六，被動，有暗戀對象不敢表白，不知如何表白；
第七，特別怕拿男人的東西，怕讓男人誤會生情，怕欠男人的；
第八，喜歡幻想，沒有行動力；
第九，拿不起放不下，捨不得，忘不了；
第十，怕被人說成「性感」，自卑，總覺得自己不女人，不好看；
第十一，職場上也許很優秀；
第十二，順從父母的意見，乖乖女，不論幾歲不結婚就一直跟父母住；
第十三，認為性是不好的東西，或者認為性是男人享受女人奉獻，有些人拒絕婚前性關係。

一通對照下來，學員們發現「壞」女人都是特別有自信有主見，能掌控自己命運的人，後來都混得不錯，事業愛情都不缺。「好」女人從小到大始終被他人支配，步步被動，步步委屈，只留下個「好」女人的名聲。妳是「好女人」還是「壞女人」？妳可以自己對照。

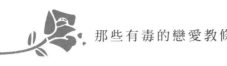

04

做得好不如嫁得好

英國《經濟學人雜誌》二〇一一年八月二十日封面文章「為何亞洲女人拒絕婚姻」，文章說大約三分之一的日本女性三十歲出頭還沒有結婚，她們之中大概有一半不準備結婚。在臺灣，三十歲後的女性五分之一單身，她們之中很多人決定終身不嫁。在曼谷，四十～四十四歲的女性20％未婚，東京是21％，在新加坡，上過大學的這個年齡層女性不結婚的比例為27％。在亞洲，女性兼顧家庭和事業將非常辛苦，出於工作的原因，她們對婚姻望而卻步。女性現在經濟上更獨立，她們有能力獨身生活，擺脫傳統婚姻的枷鎖。

這些國家裡容易被中國人誤讀的是日本女性，傳統印象中的日本女人都是年紀輕輕就結婚，不工作在家裡靠男人過日子，有個全職太太還寫書笑話單身女人是敗犬。其實，現在的日本女性已非我們印象中是男人的附庸，主動選擇單身的大有人在。

日本專欄作家加藤嘉一說，日本男人很難三十而立，三十歲才步入社會，平均結婚年齡三十五歲，婚前有房有車的極少。夫妻婚後一起工作賺錢遠比單靠丈夫一人要舒服，很多夫妻也不想生孩子。

在中國大城市「剩女」遍地開花預示了有相當比例經濟獨立的女性也將拒絕婚姻。前不久大陸熱播的電視劇《李春天的春天》講述的是有些年紀的男女的感情故事，據說很多人看得淚流滿面，獨立爽朗的黃金「剩鬥士（剩女）」李春天被有錢有魄力的男主角形容為「妳就像一根火柴，劃亮我心中最隱晦的角落」。熱門電視劇向來都是時代的風向標，李春天受到追捧說明了中國女性開始尋求夥伴型的平等的男女關係，**而且結婚不是幸福生活的唯一選擇，單身女人也一樣精彩**。

「做得好不如嫁得好」，「嫁漢嫁漢，穿衣吃飯」——這些傳統的婚姻戀愛觀遭到了前所未有的懷疑，再加上婚姻法關於婚前財產的新解釋條例，讓原本想在婚姻中獲利的女性驚醒，男人還能靠多久？

你要是問一個中國女人，她想靠男人什麼呢？她的第一回答肯定是「安全感」，說白了就是他永遠愛我，永遠不會離開我。**愛情與個體的自我形象有關，我們所尋找的對象其實只是滿足自己內在的需求，或是重新找尋兒時父母的影子，病態的兩性關係往往建立在「共生」的狀態之下，沒有獨立的個體存在，不能忍受關係破裂或是對方離去**。

「共生」意味著沒有對方，我將顯得懦弱、微小甚至不存在，就是一種極端的依賴。如果對方要求結束愛情關係，那麼我這個人會因為愛情的消失也跟著被毀滅了。日月星辰都會變，愛情焉能不變？**把感情的永遠不變，當作靠得住的男人的尺規，無疑也是一種固執**。

自電影《手機》問世後，中國女人的不安全感達到了頂峰。男人靠不住啊，靠不住怎麼辦，有聰明的女人就想出了「不如找個有錢的，離了還能分一半」。可是，現在她們發現分一半是妄想，男人在錢上也靠不住了。

我在大陸地區的浙江衛視《婚姻保衛戰》擔任心理嘉賓，這是一檔專門為離婚女子徵婚的節目。某次節目中一名女嘉賓，三十二歲離婚有孩子，她說要找一個「靠得住的男人」，開出的對男人的要求足有十幾張A4紙（她拿在手裡），說她自己任性，希望男人包容接受。一位男嘉賓不客氣地說不接受，「都多大了，任什麼性」。

男女關係的格局在悄悄地發生變化，男人不再認為被依靠是天經地義，女人不願意用順從聽話來換取安全感，男女都在尋求更平等互利同時更具彈性的關係。在良好的關係建立之前，必須培養出獨立的性格與處事態度，使雙方進入另一種境界的成熟。**妳是妳自己的愛情婚姻的導演，有妳自己的劇本，那位男主角或女主角必須符合妳的導演理念才能入選，如果合作不愉快，也可以坦然地對他她說一聲「再見」。**

05 不結婚的女人就是敗犬

我在落筆寫這篇文章的時候是十月二十七日，我四十三歲生日，天蠍座，各種星座排行榜上都被列為「萬惡的天蠍」。媒體採訪我時常會說「請妳代表70後談談看法」，我也不去糾正，偷著樂。從五六年前我就發現，別人猜我的年齡都會比實際小幾歲。再過十年，我很有信心偽裝80後談看法；再過二十年，我可以偽裝90後談看法。一直耿耿於懷年輕時沒被稱「美女」，總算到了四十歲以後得以補償。四十歲以後的女人，還比什麼漂亮呢？**漂亮就是誇妳年輕，就是活得精彩的狀態。**

有個三十歲的單身女來找我做心理諮商，這個年紀實在日子不好過，無數的眼光都在提醒妳是「剩女」了。不過這個單身女把自己的日子料理得似乎很精彩，事業蒸蒸日上，收入可以讓她隨時坐上飛機去到任何一個國家，愛好更是花樣繁多：擊劍、高爾夫、瑜伽、游泳……除了男人搞不定，其他都能搞定。

她跟我說愛情太難了，下週要去學滑翔傘，感受自由的天空。我說滑翔傘很好，但是不能替代愛情，就像油和水一樣不能互相替代。如果愛情比滑翔傘容易，那就沒有那麼多人為愛煩惱，愛情也就不值得千百年來被人類歌頌。

女人想要過得精彩，就要取得心理平衡。每個人都需要一張心理安全（滿足）網路，通常由以下幾樣東西構成：有意義的工作事業、保障生活舒適的金錢、家庭親情、愛情、性、健康、可以交心的朋友、興趣愛好、信仰（宗教、禪、某種主義）。**理想的狀態是什麼都有，但是人生無常總有某一項缺失的時候，那麼可以靠其他已有的來支撐彌補，但是不可能完全替代。**

我身邊有幾位四十多歲的知心好友，在她們三十多歲的時候，我們還會聊她們找對象的事，我還會替她們張羅。現在，她們跟我都不提了，都知道她們就是挑剔結不了婚，她們自己也承認。她們想要的不是世俗意義上陪伴過日子的婚姻，而是靈肉高度統一的SOULMATE，她們想要的是純美的刻骨銘心的愛情。這樣的愛情是人類理想追求的高境界之一，稀有罕見。她們當中曾經有人擁有過，失去過，除卻巫山不是雲，不肯低就；有的人從來沒有擁有過，寧缺毋濫。

我們在一起的時候談工作、談愛好、談信仰、談八卦，她們都事業有成愛好多多，養貓養狗養孤兒，投身慈善獻愛心。父母七老八十過世，她們沒有家庭了，需要找別的管道感受愛和被愛，人類永恆的主題。

覺得不快樂活著沒意思的女人可以對照下，妳的心理安全網路編織得如何？受過情傷對愛恐懼，或者三十歲從來沒戀愛過，認為自己不需要「愛情＋性＋婚姻」的女人（特別是80後獨生子女）有沒有想過，等妳過了四十歲，父母相繼過世家庭親情缺失，妳的日子是否還精彩？想要補缺，那麼妳在其他幾項裡要更用心經營累積，才能把心理安全網紮牢。

今天的社會已經可以寬容各種生活方式，妳可以選擇妳認為最精彩的方式，但是妳要明白，**缺失就是缺失，缺失了「愛情＋性＋家庭」，是沒有什麼其他東西可以完全替代的。**據說中世紀的修士們為了壓抑性慾要用冷水沖涼，有什麼東西可以替代性和愛情呢？妳能跟寶馬做愛嗎？

有位三十二歲從來沒有戀愛過的女人跟我心理諮商後恍然大悟，她說：原來我過去十年有一個男朋友，叫電腦！

我上文提到的安全心理支援網路的內容：有意義的工作事業、保障生活舒適的金錢、家庭親情、愛情、性、健康、可以交心的朋友、興趣愛好、信仰，她對照下來是沒有激情的工作，月光族，沒有什麼好朋友，除了宅在家裡上網沒有其他興趣愛好，跟父母一起住無法溝通……除了現在還擁有健康，其他都缺失。等她過了四十歲，這種缺失將讓她陷入危機。

三十歲以上女人的焦慮很大程度上是生殖系統的生物鐘在催促，美容產品再豐富，整容技術再發達，女人的子宮不會像臉那麼可以保養年輕化，三十五歲以上的女人不孕的機率大幅增加，四十歲以上可以說困難重重。我三十六歲生完孩子後的感覺是總算一塊石頭落了地，從此後在我眼前是一馬平川，再也沒有需要趕時間做的事情了。

如果妳四十歲了還單身著，那麼生孩子這事不在議事日程上了，妳也就無須糾結徹底FREE了。在妳生命終結前的五十歲、六十歲、七十歲……妳都還有機會戀愛或同居或結婚，日日是好日。那時候妳將不再執著於男人的年齡、外貌、體型、房車、學歷，而是給妳精彩的日子錦上添花。

有固執的女人說，我都堅持到那麼老了怎麼肯妥協呢？OK，那妳要有點積蓄，為自己準備好請護工和高品質的養老院的錢，或者妳有幾個志同道合的知心好友或哥們，一起住老年公寓，來個老年版的《六人行》，哈，那也不錯。

在大陸地區發行的《時尚 COSMO》雜誌上讀到作家六六和主編徐巍的對談，**她說有選擇的人生才幸福**，非常欣賞。我在上海做電視節目時跟她有一面之緣，她看起來是個生活過得超精彩的女人，自信滿滿，我還說我要減肥，她卻說她不需要，照樣有男人愛她。

什麼是精彩的女人？首先是個懂得平衡的人，不走極端；其次是個快樂的人，能感染身邊人跟她一起笑；是個擁有敏感和激情的人，對生活中美好的東西保持感知力、行動力和煽動力；保有天真爛漫的童心；保持樸素的心態，能因生活中最簡單的事情而快樂。啊，這不就是在說我嘛！

06

二十五歲不結婚就是剩女，掉價了

無意中翻到一本書，是網路上很紅的男性「情感磚家」寫的，說女人在二十五歲前必須結婚，過了二十五歲在婚姻市場上就掉價了。他還畫了個抛物線圖，最高點就是二十五歲，過了二十五歲就一路下滑。把女人的價值定位在是否嫁得出去，把嫁得出去的要素定位在年輕，如此腦殘惡毒的價值觀，污蔑全體男人的智商，恐嚇沒有戀愛經驗的年輕或者不年輕的女人，居然能大行其道受到追捧，可見在男女關係上還停留在古代。

「情感磚家」沒有告訴女讀者的是，在離婚率年年高漲的今天，二十五歲成功結婚後如何維持住婚姻？如果男人只喜歡二十五歲的女人，那麼如何讓自己永遠二十五歲不被嫌棄，如何防止老公繼續在婚外喜歡二十五歲的女人？「情感磚家」賣書是否還搭賣「永遠二十五歲」的神仙水？

在捷運上聽到一名女孩跟好友談她的婚姻，她跟老公都是一九八六年出生的，結婚半年跟公婆一起住。她媽媽說女人結婚就是第二次投胎，而她投錯胎了。老公沒有進取心貪玩，心安理得靠自己的父母，老公的爸爸五十歲不到不工作每天搓麻將賺飯錢。女孩說婚前以為老公肯花四小時陪她購物，大方給她花錢就是好男人了，現在發現錯了。

她說：「我以後有了女兒就知道怎麼教育她選男人了，我媽媽從來都沒教過我，她也不懂。」她常跟老公爭吵，卻還在想以後生孩子了如何如何。兩個八十六年的孩子，結個什麼婚啊。我真的很想衝上去跟她說，**如果妳認為妳第二次投胎錯誤，那就不要再隨便弄個孩子來投錯胎了**。當然，我忍住了。

有一類男女的婚姻是這樣的：在年紀很輕的時候，連個戀愛都沒談明白，連個班也沒上明白，連自己是誰都不知道，就在父母的催促下趕著結婚了，結果把戀愛談成婚姻，把失戀搞成離婚。本來是怕當剩男剩女，結果三十出頭成了離婚男離婚女，中國一路高歌的離婚率就是如此被哄抬上去的。

典型中國式的父母特別怕孩子吃苦，特別是新中國成立後最倒楣吃苦的一代，生的是80後獨生子女，最大的願望就是不讓子女再吃苦，包辦到了喪心病狂的程度，造就了為數不少的寄生蟲、弱智腦殘和自私自大狂。身體勞累的苦，精神壓力的苦，感情世界的苦，一個成年人必須都經歷，經不住，婚姻也別想好。

有位母親問：妳一直提到父母不應干涉子女的戀愛及婚姻，我也想讓女兒學會獨立成長，可是有個已婚男喜歡她，她在不知情的前提下接受了，現在男的攤牌了，她在感情中不能自拔，難道也不要干涉嗎？

我回答：表明妳的鮮明立場，理解她的痛苦，但是不要替她解決問題，比如妳去跟已婚男見面。**戀愛挫折需要她自己去經歷**。

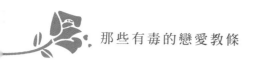

這位母親繼續說：真苦呀，從她五歲就培養她琴棋書畫，到為祖國培養了一個好的公民（學生黨員），可是在感情上卻眼看她去吃苦，真的於心不忍。

答：學生黨員就是好公民？看來妳女兒從小被妳捧在手心上了，只會讀書其他什麼都不懂，社會經驗尤其缺，當然會被騙了。妳還不想讓她吃苦？以後妳跟她一起陪嫁出去？

某80後女孩二十四歲跟二十三歲男結婚了，她媽媽從自己的痛苦婚姻中總結，傳授給她的經驗：貧賤夫妻百事哀，選男人不要看長相，要有經濟實力。二十三歲男很會賺錢外表差，女孩拒絕婚前有性行為，把初戀初吻初性一併交給了他。婚後一年發現，此男冷漠自私視錢如命不愛她，結婚就為了可以有性。五年後女孩二十九歲離婚重新學習戀愛。

跟80後說句話：不要指望你們的父母有能力教育你們選對老公老婆，因為他們也壓根不知道怎麼選。他們這一代人結婚的時候是不需要什麼嚴格挑選的，因為那時全國人民都窮，也不需要上進心，政治高壓，個人沒自由，婚姻很安全，現在不同了，自由很多卻很難把握。所以80後必須自學成材，在挫折衷成長。

07 結婚證書就是保險箱

問：我是男生二十四歲，工作是財務。大學念財務，實在愛不起來，於是就去讀了戲劇影視文學。學商科是為瞭解人類的主流活動奠定理論知識，期間的實踐和學習使我脫離書呆子的狀態，逐步發現並堅定自己的最愛。

我是個堅定於內心所愛的人，不管是高中的文理分科的選擇、第二專業的爭取，還是現在決定辭職報考北京電影學院，都是為了我心底綿綿燃燒不斷的那份美。我有確定的人生理想和追求——和李安一樣寫出自己心裡的劇本，拍片。**我的人生命題——滿足自己審美的同時給別人帶來快樂。**

她二十六歲，家裡嬌慣，在公家機關工作，住父母家。她在一定程度上是被親情綁架的人，有一次她哭訴，其實她一點都不想回老家，如果不是為了她爸幾天幾夜的睡不著，她才不會回來；她也不喜歡公務員的工作，如果不是她爸堅持；她也不想結婚，成天被她母親東暗示西明示搞得心亂，她自己也清楚心智狀態離結婚還遠，她沒找對自己的位置，所以也不知道距離有多遠。我問過，「是父母的感受重要，還是自己的人生重要？」她竟然立刻回答，「當然是父母感受重要了」。天啊！

和她的相識相知相伴緣於心靈的契合，她是個小才女，敏而多思，天真純善。為了我們，我做了一個覺得還算負責的規劃：今年考上北影，考試結束後買房成婚（父母首付50%）。這兩年雖然新婚，但她畢竟住在我們自己的家裡，也能學會獨立，我學成後回來工作。最大的問題是，她對我三年外地求學心裡有結解不開。怎麼辦？

答：最大的問題只是你們會分開三年嗎？我看是你們的「人生命題＋理想＋追求」截然不同，天差地別。你的命題很清楚了，可是她呢，雖然還比你大兩歲，可是還是個孩子，連她自己都知道「心智也就戀愛一下，離結婚還遠，還沒找到自己的位置，也不知道距離有多遠……」這樣的心理狀態，你以為，買個房有個結婚證，就能讓她變成小嬌妻，安安穩穩等著你學成回來嗎？你的書呆子氣看來還是很嚴重啊。

什麼是心靈契合？人生命題追求理想都不同的兩個人，契合在哪裡？**我常說結婚是成年人的遊戲，兒童不宜**。你也許會說她會成長的，會獨立的，那就等她成長獨立了再來談結婚吧，你現在那麼急著結婚做什麼呢？現在有什麼事情是一定要結婚你們才會做的呢？不會是生孩子吧？你以為婚姻是個保險箱嗎？二十四歲的男人，結婚做什麼？你自己的人生命題還八字沒一撇呢。**現在很多年輕人都有個盲點，以為結婚只需要一個條件——房子，有了房子就可以結婚了。告訴你吧，那些離婚的夫妻大都有房子。**

08

結婚不是兩個人的事，是兩家的事

問：我的對象家庭條件一般，但在家是備受寵的孩子，從小到工作前都無憂慮更沒有危機意識，工作後才知道未來的擔子重，而我也總給他施壓，所以他心裡壓力一下子很大。

一年前他和一名女生頻繁電話，有時半夜十二點還在打，他的理由是壓力太大，和這個女生聊自己的愛好（日劇等）覺得很放鬆。被我發現後他答應不再跟這個女生聯繫，三個月後又聯繫，我知道後他依舊認錯，發誓再也不這樣。我不時也會提起她，很討厭這女孩。

昨天第三次察覺他們在網路上聊天，他的理由是「我討厭她，所以我想報復她」。這次我比較無奈，找那女孩我們三個人面談，我的對象和女孩堅決說他們很清白。晚上和好朋友吃飯，他們都勸我離開他。

我們兩人已經登記了，月底馬上要舉行婚禮，父母親朋好友也都訂好機票。不知道我是不是發昏了，我堅信他心裡只有我。結婚不是兩個人的事，是兩家的事。現在說不舉辦婚禮也不可能，怎麼可能要傷害那麼多人，要讓那麼多親朋好友為我們買單？可是我心裡總有個心結，怎麼辦呢？

答：**結婚首先是兩個人的事，其次才是兩家的事。結了不合適的婚，能被傷害到的只有兩個人——妳和他。**父母頂多有點難過，親朋好友就更不相干了，他們只是來趕一場派對送一個紅包，有什麼傷害可言？妳取消婚禮更好，紅包機票錢全省了。

電影《梅蘭芳》裡青年梅蘭芳被人暗算，舞臺上腳被鐵釘扎出血來，還是忍痛演完了。這是全世界的舞臺演員都遵循的一個職業準則——THE SHOW MUST GO ON，哪怕下臺後要吐血，哪怕之前後臺鬧翻天，只要大幕拉開，就要全神貫注把戲演完。但是，**結婚是一場SHOW嗎？妳要面對的是妳「父母＋親朋好友」這些觀眾嗎？**

在我的心理諮商室裡，也來過已經登記卻發現不能結婚的新人，然後取消了婚禮，幾年後我輾轉聽到他們各自都有了幸福的歸宿。從妳的描述看，妳跟妳男朋友完全不是一路人，他還很幼稚，對工作生活完全沒想法，還不到可以結婚的心理年齡。我很能理解他為什麼跟那個也喜歡日劇的女生那麼聊得來，他們才是一個心理年齡的。我相信就是你們把婚禮演完了，親朋好友都滿意而歸，不出半年，你們就會離婚的。

09

寧可在寶馬裡哭泣

一名女網友看了我部落格上的《妳能在寶馬裡哭多久》表示反對，留言：我流汗也流淚，也自己賺錢，但是我就是厭煩，整天鼓勵女人賺錢的男人，看著就煩，聽著就厭煩。我自己什麼都行，我要個男人幹嗎。什麼都是自己賺來的女人，沒什麼幸福的。我也討厭別人總說我真獨立，特別獨立代表沒人疼。

今年婦女節，我在上海浦東給陸家嘴婦聯做兩性關係講座，聽眾有中老年婦女幹部和金融大樓的年輕OL。我問她們一個問題：如果世界上沒有結婚這件事，妳還要男人嗎？妳還愛男人嗎？如我所料，幾隻手舉起來，都是OL，她們說「不要」；而坐在第一排的幾位中老年婦女斬釘截鐵地說「要」，她們說**女人要男人就跟吃飯睡覺一樣，跟結婚沒關係**。老阿姨們威武！

如今很多年輕女人被「剩女」這兩個字嚇破了膽，把結婚當任務，苦著臉去相親。如果世界上沒有結婚這件事，她們才不需要男人呢，她們有親愛的父母，三口之家其樂融融，有工作，有知心好友逛街聊天，其他的事情可以用錢完成，男人真的沒有什麼用。

樓上的女網友的說法很典型，在她眼裡男人女人就是錢的關係，男人就是人肉ATM，如果男人不給女人錢，如果女人自己能賺錢，要男人幹嗎呢？**女人花男人的錢才幸福，自己賺的**

不幸福。她認為女人能賺錢就是什麼都行了，什麼都行？妳能自己跟自己戀愛？跟自己做愛？能單性繁殖？哭泣的時候靠在自己肩膀上？妳想開心的時候，能給自己講單口相聲逗自己樂？

其實，我分明讀出來她渴望男人的愛，她生怕自己太獨立了就沒人疼了，她以為獨立就是女人能賺錢。說自己什麼都不需要的人其實最需要，說自己什麼都不在乎的人其實最在乎。

類似的說法還有：「男人都不是好東西，都不可靠，我有事業有錢，不需要男人。」我會問：「妳會跟妳的事業、錢上床嗎？」她們會繼續說：「那我就養個小白臉。」哎，可憐啊，在這些女人的世界裡，男人女人的關係永遠離不開錢，永遠不平等，是買賣的關係。

剛寫完《妳能在寶馬裡哭多久》，就收到一封電郵，是個擁有寶馬（丈夫擁有）的女人寫來的。男人比女人大十幾歲，他們結婚幾年有一孩。女人自述當年很愛男人，不單因為他有寶馬豪宅，還因為他的見識。男人卻說她很一般，長相尤其差，他選她只是因為她聽話順從，更因為她很快懷孕，要分手就鬧自殺。

男人曾要求女人去整容，女人答應了，跟男人要錢。男人說，那是妳自己的事，妳難看妳需要整容，憑什麼要用我的錢？結婚前，男人讓女人簽了一堆婚前財產公證。非但是婚前，婚後女人在家不工作，男人認為婚後購置的所有東西也都是他賺來的，都是他的，女人沒份，所有權也只寫他的名字。

婚後幾年，男人對女人越來越不滿，因為她越來越不聽話不順從。婆媳矛盾，男人站在母親這邊，要求女人完全服從。女人的父母來幫她帶孩子，男人給丈母娘每個月三千元（人民幣）

工資，並認為「你們全家人都跟著我享福，吃我的用我的，還說我只看重錢」。

女人拖著男人去見心理諮商師，諮詢過程中女人一直在哭泣，諮詢師對男人說：「她在乎的是錢之外的事情」。

男人撓頭問：「錢之外還有什麼事情？什麼錢都是我花的，她還想要什麼？」

諮詢師說：「她想妳多關心她愛護她，跟她多交流。」

他說：「我在外面那麼忙，賺錢養家，沒空想那些，回來就想休息了。她要求太高了。」

女人聽到這裡，停止了哭泣，眼神從哀傷變成了絕望。當年她不顧男人不愛她的事實，先坐進了寶馬，以為結婚後憑自己的努力能讓他愛上自己。她承認她錯了。

妳顯然是受了中國傳統的「書中自有黃金屋，書中自有顏如玉」的毒害。男女關係也是一門大學問，是需要從小學習的，它比任何一門學科都難，貫穿妳的終身。

好女孩上天堂，壞女孩走四方，走四方要帶點什麼？要帶上勇氣，獨立的精神，不怕挫折吃苦，樂觀向上，有好奇心，善於學習總結經驗教訓，喜歡結交朋友，樂於助人，廣結善緣；注重過程高於結果；有信心克服一切困難一直向前走。

我發現很多單身女之所以一直單身，就是因為她們太好了太乖了，二十六歲、二十八歲、三十歲還沒開始初戀呢，我的任務就是努力把她們帶壞！

【麻辣情醫告訴你「有毒教條知多少」】

今天妳被「毒」了嗎？

01 不以結婚為目的的戀愛都是耍流氓。
02 書中自有黃金屋，書中自有顏如玉。
03 婚姻是女人一輩子的事，女人二十五歲不結婚就掉價了。
04 如果覺得沒有結婚的可能性，就不想談沒有結果的戀愛了，畢竟年齡也不允許了。
05 我傾向於讀書的時候好好充實自己，反正年輕，以後戀愛有大把時間。
06 男人都喜歡沒有感情經歷的好女人，一次戀愛就成功結婚了，婚前感情經歷簡單點容易幸福。
07「做得好不如嫁得好」，「嫁漢嫁漢，穿衣吃飯」，不結婚的女人就是敗犬。
08 男人就是人肉ATM，如果男人不給女人錢，如果女人自己能賺錢，要男人幹嗎呢？
09 把結婚當任務，苦著臉去相親。
10 結婚不是兩個人的事，是兩家的事。

麻辣

麻辣語錄，解毒良藥

01 一個人為什麼要結婚？是為了完成你家鄉父老的期望嗎？還是你個人的需求？結婚，是戀愛到一定階段水到渠成的事情，怎麼可能在一開始就能知道她是不是結婚對象呢？

02 認真戀愛，不等於不談感情，只談條件（房啊車啊）。地理上的距離，對相愛的人來說，不是問題，很快能解決，比如搬到一個城市；對不愛的人來說，那就是最好的藉口了。

03 春天就該做春天的事情，秋天做秋天的事情。秋天做春天的事。就要付出更大的代價，甚至一蹶不振。

04 男女關係的學習，靠看書是沒用的，全要靠實踐。女人是什麼？女人想跟男人要什麼？沒經驗的窮小子不知道，沒經驗的富小子也不知道。女人把你當人肉取款機，還是真的愛你，是兩回事。

05 事業強人愛情留級生比比皆是，IQ和EQ不是在同一個管道裡學成的。

06 好女人好男人，都想要壞男人壞女人！

07 女人常常犯這樣的錯誤，不知道男人要什麼，想當然地認為男人跟她們想的一樣。

08 結婚不是幸福生活的唯一選擇，單身女人也一樣精彩。

09你是你自己的愛情婚姻的導演，有你自己的劇本，那位男主角或女主角必須符合你的導演理念才能入選，如果合作不愉快，也可以坦然地對他她說一聲「再見」。

10如果妳認為妳第二次投胎錯誤，那就不要再隨便弄個孩子來投錯胎了。戀愛挫折需要她自己去經歷。結婚是成年人的遊戲，兒童不宜。

11現在很多年輕人都有個盲點，以為結婚只需要一個條件——房子，有了房子就可以結婚了。告訴你吧，那些離婚的夫妻大都有房子。

12好女孩上天堂，壞女孩走四方，走四方要帶點什麼?要帶上勇氣，獨立的精神，不怕挫折吃苦，樂觀向上，有好奇心，善於學習總結經驗教訓，喜歡結交朋友，樂於助人，廣結善緣；注重過程高於結果；有信心克服一切困難一直向前走。

第四章　戀愛常見病

相愛容易，相處太難。戀愛中的盲點你要看清楚，**我們常常被同一塊石頭絆倒第二次，連倒下的姿勢都一模一樣。**

——阿德勒《自卑與超越》

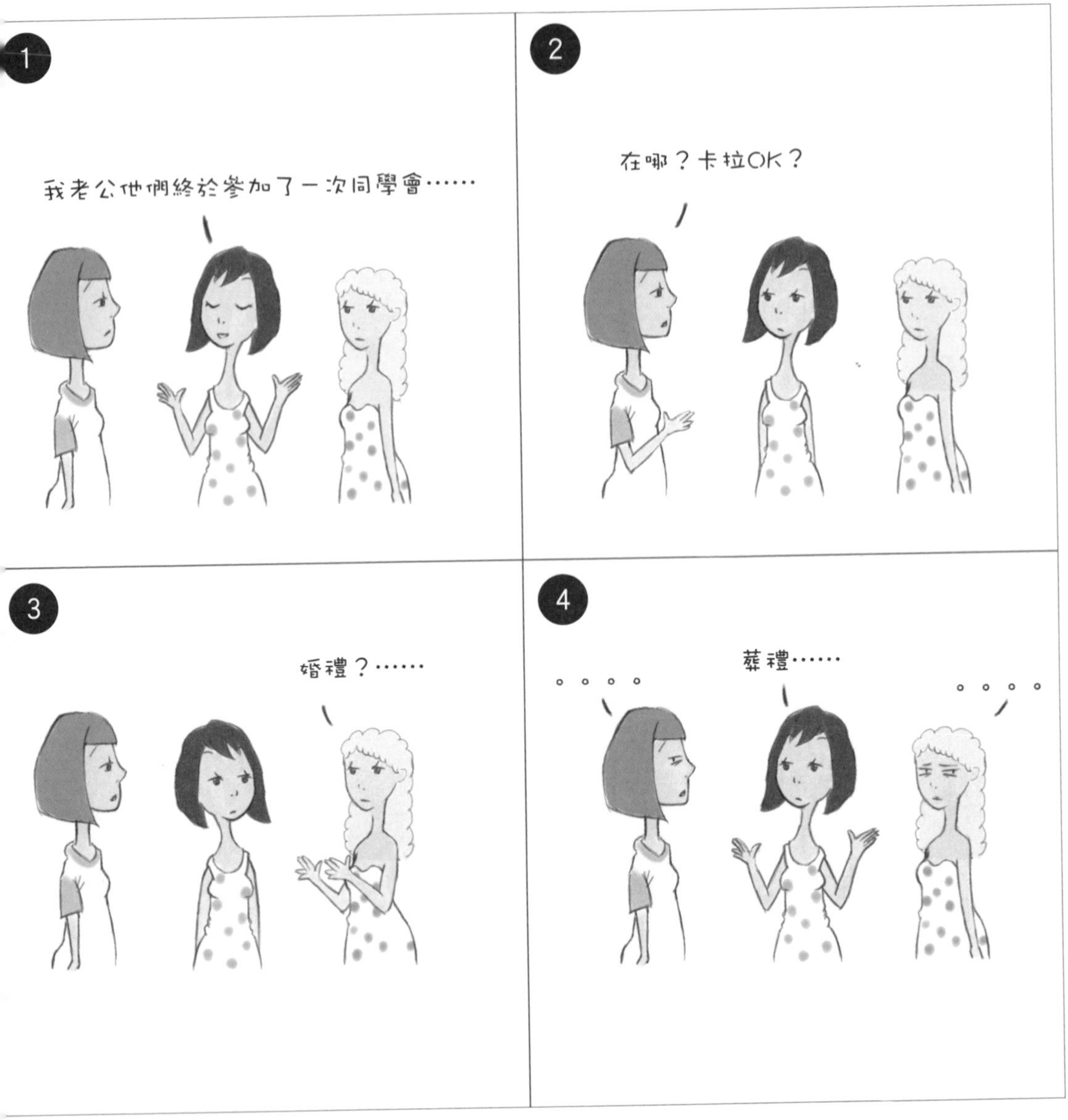
1
我老公他們終於參加了一次同學會……
2
在哪？卡拉OK？
3
婚禮？……
4
。。。。
葬禮……
。。。。

01 缺愛症：只要有人愛我，外星人也可以

問：我今年二十六歲，相戀八年的男朋友十八天前用簡訊向我提出了分手。那種感覺非常之離奇，就好像是被宣判原來自己的父母竟然是假的一樣，周圍的一切都是畫皮，撕下了那表面，裡面的真相突兀得連在夢裡都不曾出現。

我從小生活在單親家庭，跟著媽媽生活。媽媽脾氣不是很好，小時候我基本上每天都為雞毛蒜皮的事情而挨打，長大後我不喜歡和媽媽交流。大二那年認識了我的男朋友，自此之後我就把所有的感情都放在了他身上。在我心目中，他比媽媽還要親。我媽嫌他不夠優秀，八年來都試圖撮合我和別的男生，但我連想都沒有想過，就算是天塌下來了，都不能阻止我要和他在一起。

我變得不大和朋友聯繫，只想和他在一起。如果不是工作需要，男性朋友都不往來，**因為我想讓自己的世界裡只有他。我心理上對他的依賴到了無以復加的地步，他就是我的家，我的父母。**在他面前，我放心地做著自己，覺得只有他不會嫌棄我，不會拋棄我，我放心地似乎回到了童年時代。

兩年前他突然去了加拿大，別人都說我們完了，可是我們還是堅持著。但是，就在他回國

後的一年，十八天前他發了簡訊說分手。我問他原因，從什麼時候起他已經變了。他說好久了，可是我還是不能懂。他說我是顆種子，需要肥沃的土地才能發芽，而他是塊酸鹼地。他這樣說是為什麼？**愛一個人難道不是多辛苦也要和他在一起嗎？**

從前的他在我心中那麼高尚，我很崇拜感激他，認為我和他的愛情稀有珍貴。**我可以什麼都不要，只要能和他在一起**，也許他不是這麼想，也許是我不爭氣拖累了他，也許我不能給他想要的生活。我好自責，同時也沒有辦法相信他會這樣放棄。我現在對人性已經有點喪失信心，想起畫皮下面隱藏的真相原來是另一種假象就有點毛骨悚然。是我太笨還是我太相信他？我曾經愛的那個人，是否真的消失不見了？

答：妳的悲傷打動了我，想起我二十歲當愛人離去時，也曾經發出妳這樣的哀嚎。不單是我，我相信所有曾經投入地愛過的人，無論男女，都會被喚起相同的回憶。

為什麼？為什麼？**那個已經離去的男人是不會來回答妳的，就算他說了，妳也聽不懂。其實他說了原因，我聽得懂，妳聽不懂。**我在二十歲的時候也是聽不懂的，後來透過自我成長，透過對人性的進一步認識，我才恍然大悟。

妳的男朋友不是一個壞人，不是披著畫皮的魔鬼，他也不是突然變了心。他早就變了，只是妳沒有覺察到，他也不敢對妳說。我相信他兩年前突然去加拿大，原來的計畫就是要離開妳，只不過他在加拿大沒有碰到更愛的人。

為什麼那麼突然，為什麼用簡訊？告訴妳吧，男人的字典裡，是不可以對一個曾經愛過的女人說NO的，所以他們通常都會使用逃跑的方式，他實在是沒有勇氣看著妳的眼睛，對妳說NO。

妳想問到底出了什麼事嗎？我告訴妳出了什麼事：八年來，妳讓一個普普通通的平凡男人，硬是去扮演了一個爸爸甚至是上帝的角色。而他自己呢，也確實自不量力，非常配合、非常主動地扮演了這個角色。我以前寫過一篇文章《男女之愛跟父母之愛有什麼區別》，**男女之愛是有條件的，這裡的條件不是指金錢物質，而是指互相給予；而父母之愛是無條件的**。很遺憾妳沒能從父母那裡得到無條件的愛，就把這個需求完全轉嫁到男朋友身上了。這就給他帶來了巨大的壓力，遠遠超過了他的能力所及。請妳仔細讀讀妳自己寫的吧——「我對他心理上的依賴到了無以復加的程度，他是我的爸爸媽媽……我覺得我受到了他的拯救……」

妳說「我們在一起經歷了很多困難」，除了妳母親的反對外，所有的困難其實都是妳施加給他的，妳的依賴，妳的任性，妳的與世隔絕，只想跟他在一起（反過來，妳也剝奪了他跟外界接觸的機會和時間）。妳就像一根藤蔓牢牢地纏著一棵樹，那樹一開始還想當英雄承擔妳所有的重量，後來，他終於發現他已經被妳纏得窒息了，死路一條。

愛是什麼？愛是自由，給予，支持；愛不是藤纏樹樹纏藤。一個良好的愛情關係必須是兩個成熟、自立、自己能負擔自己（心理上）的兩個健康人的關係，而妳，是一個嚴重的病人。他的形容很正確，妳是顆難發芽的種子，非要肥沃的土地才能發芽，而他只是塊鹽鹼地。依我看來，他是塊OK的地，但妳是顆沒有自我的種子，這樣的種子在什麼土地上都發不了芽。

建議妳跟心理諮商師談談，**妳需要好好地建設自己的內心世界，妳需要學會自立，不是挽回感情。**妳得的心理疾病叫「缺愛症」，因為小時候嚴重缺乏父母的愛，所以格外貪婪索取男女之愛同時又患得患失，給相愛的人施加不堪負擔的心理壓力，戀愛常以失敗告終。

「缺愛症」患者的自我心理建設

「缺愛症」的人自小心理界限不清，這些界限在三歲的小孩身上最為明顯，他們應該很熟練地做好以下幾件事：

第一，可以和他人感情很親密，卻仍擁有「自我感＋跟人分開」的自由。

第二，可以適當對他人說NO，卻不怕因此失去對方的愛。

第三，可以接受別人適度的拒絕，卻不會因此在感情上畏縮起來。

看到這些，有的人會驚呼三歲小孩就必須會這些？三十歲的人都未必會啊！是的，這些事是不容易做的，但確實是從幼兒期就發展出來的。今天很多界限不清痛苦萬分的成年人，無疑是小時候沒有發展好這一重要功能。「缺愛症」患者不要期望找到一個像爸媽、上帝那樣的好人，能給予自己無條件的愛，而是要從尋找自我價值入手，訓練自己在心理上做好以上三件事。

02 獨生子女，遇到難時各找各媽

我常問二十幾歲年輕人，活到現在妳最大的挫折是什麼？大部分答不上來，或者說聯考，談戀愛最喜歡用的詞彙是「受傷害」、「我是獨生子女」，遇到困難首先想分手，然後各回各家各找各媽。

問：我二十九歲了，很喜歡男朋友，覺得他是可以過一輩子的人。在我們打算買房的時候，他跟我坦白是B肝病毒帶原者。我查了一些資料，我打疫苗應該也沒問題，可是我的身體也不是那麼健康。有一次工作太辛苦有尿血，可能是隱匿性腎炎，當然現在不是很嚴重，也不需要吃藥。

我們倆表面看起來都健康，一個帥哥，一個美女，但體格都偏瘦。現在我跟他都很猶豫：

第一，害怕生出來小孩會不健康，孩子是無辜的。

第二，我會不會被傳染，本來我的身體不是那麼強壯。

第三，還有我們倆會不會將來四五十歲時，某個人有意外。

這些不好的事情老在我腦子裡盤旋，我很害怕。**談戀愛是兩個人的事情，結婚是兩個家庭的事情**。我如果有什麼意外，我自己為了愛情犧牲了沒什麼，我只是覺得對不起我爸媽，他們把我養這麼大，而且我是獨生子女，我爸媽也不會原諒他的。

人生不如意之事十之八九，我是真的體會到了。為什麼老天要這麼折磨兩個相愛的人。我們倆現在都有不錯的工作，讓我們碰見本來就不易，在一起性格剛剛磨合好，我對我們的未來有信心。我覺得我比別人冤啊，好生生的愛情就讓我們這麼放棄嗎？

我很害怕現在倔強固執，以後要承擔更多的責任，比如孩子，或者我的下半輩子或他的下半輩子。**我怕愛得越深，傷得越深。**這個傷不僅僅是傷自己，或者傷了孩子，父母，都有可能。那時候我還敢說愛情偉大嗎？**我不過是一個平凡的小人物而已，沒必要愛得驚天動地泣鬼神的。**（SALLY）

答：我四十三歲，上週我無意中量血壓，驚奇地發現是200、130（正常是120、80），跑到醫院看急診，從此戴上了高血壓的帽子。我老公大學時是班代，上週他舉辦了一場同學會——在一位男同學的葬禮上。二十歲同學會在卡拉OK廳，三十歲同學會在婚禮上，四十歲同學會就有可能在葬禮上了。

親愛的SALLY，什麼叫「人生不如意之事十之八九」妳還遠遠沒有瞭解，妳雖然快三十歲了，言談間還是個孩子。上世紀80年代出生的妳在蜜糖裡泡大，至今還是被父母牽掛照顧，什麼事都要提「我爸爸媽媽」。

我常問身邊的80後，妳活到現在，碰到過的最大的挫折是什麼？基本是想不出來，或者說「聯考」。談戀愛最喜歡用的詞彙是「受傷害」、「我是獨生子女」，遇到困難首先想分手，然後各回各家各找各媽。這樣幼稚的心理年齡卻把三十歲當結婚deadline，無非拉高離婚率。

妳有沒有想過，你們兩個帥哥美女，即使現在身體健康得跟牛一樣，到了四五十歲也難免有人會生病，甚至是很嚴重的病。孩子即使生下來很健康，他也會生病啊。B肝病毒帶原者會不會傳染，會不會遺傳，妳該去問醫生。

但是如果妳把血尿就看成天大的災難，那麼我只能說妳實在還不到可以結婚的成熟的心理年齡。**結婚是兩個成年人的遊戲，兒童不宜**。而妳，還是個兒童。即使你們不結婚，單身，自己碰到這些困難，怎麼辦？馬上回家找父母嗎？妳有沒有想過，妳的父母十年後很可能就會癱在醫院等妳去照顧了。妳怎麼辦呢？老天單單對妳不公嗎？

對結婚有幻想，結婚後一定失望。真實的婚姻生活是什麼呢？那就是，夫妻兩個不單是在順境時能在一起，在困境中還能在一起互相扶持。什麼是好生生的愛情？就是堅強的愛情，而你們這兩個帥哥美女，實在是不堪一擊。

愛情不用可歌可泣，可是愛情需要堅韌不拔抗得住風雨。妳有沒有想過，除了生病，生活中還有很多風雨，妳大概從來也沒有想過和平年代，還會有什麼風雨，妳愛我，我愛妳，我們有很好的工作，買得起房子，就可以永遠幸福下去了。

生活不是這樣的，妳是妳父母的心肝小寶貝，妳受不得苦，苦難就不找妳嗎？妳父母能活到二百歲永遠健康，永遠保護妳？有個腦殘的歌叫《我們可不可以不勇敢》，妳不勇敢，困難就不上身嗎？

什麼是「平凡的小人物」？就是沒有佔有很多資源，家裡不是官二代富二代凡事都要靠自己辛苦努力的人，小人物靠什麼生存？靠的就是像蟑螂小強一樣頑強的生命力啊！

03

女人就是為難女人

問：我覺得我快瘋了，我交往的他還在離婚中。他的婚姻就是領了張結婚證書而已，那女的為了房子談不攏的問題，就一直吵，也不辦酒席，也不住一起，更不敬孝道，大家就在拖時間要麼離婚要麼妥協。他們年初的時候談定是要離婚，但是不協議，女方要的一套房子順便幾十萬塊錢。

我知道這個時候不應該和他開始談的，可還是開始了。也聽到了他全部的故事。從他平時的為人看，他真的很好好到沒有脾氣，對朋友也很誠懇。他們現在還在官司，而我和他談了快一年了。而我的心態卻在越來越扭曲，從剛開始的同情，到現在覺得那女人的一家很市儈，就開始想整那女的。我會白天上班的時候、大半夜的時候想怎麼知道那女人的動向，怎麼去整她。

（滅絕師太）

答：滅絕師太，妳怎麼喜歡用這樣的網名？是想顯示妳手段辣武藝高呢，還是妳跟滅絕師太一脾氣——偏執，經常搞不清楚誰是作戰對象？

在妳的不可思議的頭腦中，妳交往的男人就是個百分百的好人「從他平時的為人看，他真的很好好到沒有脾氣，對朋友也很誠懇」，而他法律上的老婆就是個百分百的壞人「到現在覺得那女人的一家很市儈，就開始想整那女的」。一個百分百的好男人怎麼會跟一個百分百的壞女人去領了結婚證書？妳愛得要死的男人是智商為零還是個隱性的精神病人？

好到沒有脾氣？所以誰要跟他結婚都可以？已婚的身分誰要跟他戀愛也都可以？比如妳，他就是應女人的需要默默承受？這個男人，完全沒有擔當，**自己的一堆爛帳不去了結卻已經跟妳開始，妳還要說他是個好人？**

他老婆跟他的官司糾纏，跟妳有什麼關係？明明知道不應該跟他開始，還要開始，現在居然還想幫他去整他老婆。**女人為什麼老是只把女人當作假想敵？對妳不負責任的是那個死男人，不是他老婆啊，妳該整的是他，不是她！**寫到這裡，我也快瘋了。

04 散發什麼氣味招什麼人？

問：我是一個年近四十的男人，有不錯的事業基礎，雖然近年來為我介紹的對象不少，可惜一見面就問我的薪水，讓我很反感。我希望這個女人愛上的是我這個人而不是我的錢，非常期望校園裡戀愛那樣純潔的感情。我的要求很高嗎？我覺得很正常的要求啊。

答：很正常的要求。**你可以不透過介紹，自己認識女人嗎？**

問：我工作圈子裡也有投懷送抱的女人，我很反感，我知道他們是衝著我的錢來。也有幾個不錯的女生，二十七八歲的，可是她們好像都和我有代溝，總是和公司裡年輕的男人說笑。從來不和我搭訕工作以外的事情。

答：請你好好看看我附件的「女人找愛人的方式決定她會找到什麼樣的愛人」，對男人來說也是一樣的。**你是誰，你就會吸引來什麼人。如果你唯一的優點（或者表現出來的）就是有錢，那麼就不要怪女人衝著你的錢來！**

問：另外可能是因為我有過一段短暫的婚姻，所以對感情有點信心不足吧。和年輕女人聚會什麼的，我比較沉默，而且喜歡談文學音樂等有些內涵的主題。大多數女生卻並不能和我交流這些。

答：能跟你交流這些的女人多得是，但是，正如你所說，如果你目前對感情信心不足，因為有過離婚，就對女人有成見，這才是你的問題所在。**人要學會看清自己的問題。你對前一段婚姻的經驗教訓是什麼？是不能交流那些有內涵的主題嗎？**你只跟二十幾歲的女人交往嗎？你字裡行間的態度就是對女人充滿了不信任感、鄙視感。

女人會找到什麼樣的愛人，和她「找」的方式有關：

如果妳存在釣金龜婿的心態，就莫要怪他比妳還現實。如果妳一定要讓他鍥而不捨地追妳，明明想和他在一起，卻故作姿態千推萬阻，那麼妳最後找到的那個男人，必然是個死皮賴臉。

如果他一見面就對妳萬般殷勤，他可能對每個如妳一般的女人都是如此。

如果妳對自己太沒信心，他也不會給妳安全感。

如果妳總是歇斯底里，那妳找的男人精神也不會太正常。

如果他為了妳拋妻棄子，那麼將來難保不在妳自己的身上鬧劇重演。

很多推理在愛情中相當有效，偏偏多數女人期待來人是神，或是天使，不然就太過現實，再不然，就認為只要有愛，他便立地成佛。

所以，不要去想什麼時候能遇見那個好男人。在妳自己的心態和狀態最好的時候，遇見的那個，便是了。

05 披著愛情皮的依賴

問：**我男友是個心細的男人，生活起居照顧和我媽一樣，身邊朋友都說我好幸福。**我們同居近八個月，期間他有近半年沒有工作，有專業的限制也有不好好找的原因，生活費都是靠我的薪水，他還欠了朋友錢，不好意思向父母要，我幫他墊了一點。**他最讓我不能接受的是沒有骨氣，我可以接受一個男人窮，但是一定要有骨氣。**

他每個月薪水一千五百元（人民幣），除去租房子只夠溫飽，每到月底他就會告訴我，哎，只剩下多少多少錢了。他是在試探我嗎？以前我借過他幾百塊，那時候還沒同居，他說等有錢了還我，一直沒有還。雖然只是幾百塊，可是我覺得這是尊嚴問題。我家裡一般，爸媽開了一個小餐館給我，我男友一心想在我的餐館幫忙，說可以節儉租房和飯錢的開銷。父親不同意，覺得我們還未結婚會給人閒話。

他三十歲，我也二十九了，我不害怕分手後成剩女，曾經我覺得一切可以慢慢好轉，可是現在他需要我負擔的超過我可以承受的。這樣的愛情我還要繼續嗎？和他進入婚姻的話，我覺得不可能，可是我還……

在我最痛的時候是他救了我，在他的愛下我的心也活過來了，我覺得很幸福，和他的愛情應該沒有什麼問題，問題是在現實生活下人的本性和殘酷吧，我很受不了他很想干涉我們家的生意，我覺得他應該保持獨立，這樣才有男性尊嚴。

其實婚後父親也會把財產給我和我未來老公，那是婚後，可是現在他就打量著讓我很懷疑他的居心。可是除了這些，他又是那樣愛我，其實我也非常愛他，我想和他一直好下去。我該怎麼辦？

答：我很好奇在你們戀愛之前，他是怎麼生活的？一個三十歲的男人，月入一千五百元僅僅到溫飽，也不努力找工作，以前也有富有的女朋友接濟他嗎？

「在我最痛的時候是他救了我，在他的愛下我的心也活過來了」，可以猜想妳是**在遭受一次失戀重創之後遇到了他，他的細心愛心讓妳來不及分辨他的本質是什麼樣的**。是的，妳不願意相信他就是個不太有男性尊嚴的人，在工作事業上也沒什麼追求的人，他還是個好意思吃軟飯的男人——這是妳最痛恨的，不是嗎？

妳說和他的愛情應該沒有什麼問題，請問，**愛情是建立在什麼基礎之上的？就是生活起居對妳的照顧嗎？就是那一堆甜言蜜語嗎？**其實，妳打心眼裡對他是不認同的，妳對他的所作所為充滿了懷疑，甚至用了「居心」這個詞。沒有信任，沒有對他這個人本質的認同，還談什麼愛情？這讓我想起了相聲大師侯寶林的相聲《夜行記》，說一個老是違反交通規則的人，騎了輛破自行車，他說這輛車除了鈴不響沒剎車其他都挺好的。這樣的車還能叫好嗎？

愛情是什麼？有兩樣東西常常披著愛情的外衣迷惑我們：依賴和控制。妳在感情受傷的時候嚴重地依賴他，誤以為那就是愛情了，有點饑不擇食的意思。八個月的同居生活，讓妳的傷好了，心情平復了，也就能用正常的眼光看待這個男人了，這時候，妳發現他跟妳的想法格格不入。

戀愛有三個階段：

第一，刺激：彼此吸引力來源於刺激的資訊，外表、年齡、社會地位、名望、收入。

第二，價值：吸引力取決於生活態度和價值觀，是否有同樣興趣愛好話題、度假方式、對金錢看法、對工作看法等。

第三角色的相容性最重要：處理平衡生活諸多方面的觀點一致，如跟父母關係、孩子教育、事業生活矛盾等。

你們走過了第一階段，到了第二階段就卡住走不下去了。然而，依賴的慣性還會讓妳固執地認為「我們的愛情應該沒問題」。你們的愛情出了很大的問題，價值觀嚴重不同，妳對他的本質嚴重不認同，分手的日子不遠了。

06 你是好老公的人選＝你傻

問：我二十四歲，女朋友二十二歲，我們戀愛半年多，都見過雙方家長了，前幾天她跟我提出分手。她不是很理解我、懂我煩惱的女孩，但是跟她在一起開心，我想一輩子好好疼她，照顧她給她幸福。現在她不要我再繼續癡心等她，但是我過不了自己這關，要讓我忘掉她談何容易。**她說過我是個好老公的人選，但她覺得自己沒玩夠，很多事情沒嘗試過不甘心，而我不是那個能跟她一起做這些嘗試的人。**我想一輩子不辜負她，可是她如果一定要離開我，我能等到她回來嗎？為什麼她說我是「好老公」人選，又要離開我？

答：**一個人沒有到臨死前那一刻，就不要輕言什麼「一輩子」**。無論你和她，心智都相當的幼稚，遠不到可以談婚論嫁的年齡。正如她所說，她還有很多嘗試，很多不確定，其實你也一樣。「等」是個太被動的詞彙，兩個人是否能走在一起，不是等來的，是看大家各自的軌跡是否一樣。

我聽過很多男人說「我要給她幸福」，可是他們根本不知道對方想要的幸福是什麼？比如，很多男人認為他們讓女人在家當全職太太就是給她幸福了，可是很多女人完全不認同。你們對幸福的理解很可能是不同的。如果你都不知道她想要的幸福是什麼，談什麼給呢？

「見過雙方家長」實在不值得拿來證明你們的感情有多好。離婚的夫妻都見過雙方家長。

如果一個女人不能理解你，不懂你的煩惱，你以為，你能開心多久呢？你是好老公的人選？我看不然。好老公不等於老實、不懂女人、沒有想法、安全、按部就班……**女人說你是「好老公」，潛臺詞就是「你是個爛好人」**。這個也可以編入女性提分手的藉口大全。

07 想要蘋果偏跟梨過不去

一個二十五歲的女孩子，父母離異了，她對交往了幾年的男朋友的感受是：

我感覺我對他更多依賴，很多時候我說的話他都不知道我在說什麼。論人品處事，他還是不錯的，可是我心裡就是糾結，我不想就這樣結婚。分開捨不得，我很怕再找一個男朋友的時候會跟他對比，如果對我不好我會很難受的。我要他去參加自學考試，結果他上了兩節課就不去了。我很生氣，很多問題都是吵到最後就掛起來了，我現在也不吵了，他不會改的。

我們很少能聊未來，他總是說船到橋頭自然直。他給我的感覺更像疼我的親人，我每次說分開他就對我更好一些。我想人可能受得了人家對你不好，但是受不了人家對你好。我們都不小了，要麼結婚，要麼分手。

我的分析：

首先二十五歲還很小。其次，不要把問題歸於妳是單親家庭出身，即使不是，妳就不會有現在這些問題了嗎？那麼多有困惑的人，都是單親家庭出來的嗎？**妳的這些困惑是妳這個年齡**

的女人中很正常的，人人都會碰到，是女人成長的必經之路。妳的母親之所以有不幸福的婚姻，很可能就是當她碰到這些問題的時候，採取了躲避或忽視的態度，報著「結婚以後就會好的」僥倖心理走進婚姻。**對自己不負責任，不去選擇，讓別人選擇自己**。

結婚前的戀愛，就是個「試錯」的過程（有時候結婚了也是試錯，整個人生不都是試錯嗎？），不論男女，沒有人天生就瞭解異性是什麼樣的，是在實踐摸索中得出「原來男人／女人是這樣的」，也沒有人能天生就明確地知道自己要什麼樣的生活伴侶。這一切，都要在實踐中獲得，而且他人的經驗，對妳也不一定有用。

妳為什麼要結婚？自己想過嗎？是為了有個人對妳好嗎？妳所說的跟男朋友的分歧就是精神上無法交流，價值觀不同，對生活的理念完全不一樣，這樣的人，能跟妳有和諧幸福的婚姻嗎？我不是說他的活法就不對，他沒什麼不對的，他能找到跟他一樣的女人，而妳不是。妳在徒勞做的事情，就是試圖改變他，甚至是改造他——逼他去讀書創業，跟妳一樣。**如果妳明明想要的男人是個蘋果，為什麼偏要跟個梨過不去？非要他變成蘋果呢？**很多女人的錯誤點是「如果你愛我，你就要變成我想要的樣子」，那麼妳為什麼不直接去找那個妳想要的樣子的男人呢？

妳現在對他的情感是愛情還是依賴？為什麼妳會說「受不了人家對妳好」？一個跟妳志不同道不合的男人對妳好有用嗎？他能怎麼對妳好呢？無非就是在衣食住行上對妳好，無非就是妳罵他妳數落他，他不吭聲。想像一下如果你們結婚會是怎麼樣吧：妳會成為一個怨婦，他是一個可憐的懷恨在心的男人。**一個妳不欣賞的男人對妳好，妳是不會領情的。**

「如果分手，會把他跟以後的男朋友比較，如果他對我不好，我會很難受」——妳比較男人的焦點單是「對我好」嗎？而不是他是什麼樣的人嗎？跟妳根本合不來的人對妳好有用嗎？那種「對妳好」能維持多久？下一個男朋友不一定就是那個對的人，那又怎麼樣呢，覺得不對就分手啊，**每一次的「試錯」都能幫助妳明確自己到底要什麼樣的男人。**

想要幸福生活自己就要對自己負責任，有擔當，也就是要自己選擇。**明明知道他不是對的人，是錯的，還不敢做選擇，那是對自己不負責任。**

看到有網友評論，說妳有了更好的選擇就放手，難道一定要先有下家才把上家辭了嗎？這也是不負責任的做法，對他人不負責任，對自己也沒什麼好處。很多在不幸婚姻中受苦的人選擇不離開，就是他們認為沒有好的下家。寧濫勿缺。

08 逃離一心想改造你的女人

很多人都有這樣的心理，**把對自己的要求投射到親密的人身上，越是親密越是步步相逼，最後無論結果如何，卻永遠沒有辦法滿足自己心裡真正的需求。**

問：我跟女朋友在一起五年，她對我要求很高，希望我成為一個知識淵博成熟穩重 IQ和EQ都很高的人。我也盡力朝這個方向努力，看書看人物週刊，看經典電影《教父》、《刺激1995》等，讓我細細品味。她說這樣可以提高EQ，說實話我的EQ很低，我也不知道該用什麼方法提高，只有照她說的做，但是看了這些電影後感觸並不深。在努力的過程中我也會犯很多錯誤，每次做了令她不滿意的事情，她都會說很傷我心的話（滾，不要讓我再看到你……）。**事後情緒穩定後就會對我很依賴，說沒有我她就不曉得怎麼過了。對於她這種前後反差如此之大的態度，我真的很煩。**今天又這樣了，她又喊分手，我不曉得是不是該一了百了。

答：這封信和上一封信，簡直像是一對寫來的。**你趕緊逃走吧！很不幸你碰上一個女病人——心理上的病人。她會用這種方式折磨你一輩子。**首先，她自己的EQ和IQ都不怎麼樣，不然她就不會做這種蠢事。如果你想從一副撲克牌裡要一張紅心A，最好的辦法就是一張張找，一直到找到它；最愚蠢的就是你女朋友的辦法，她一心想把你這張梅花3變成紅心A！她真的以為人定勝天，她真的以為女人是男人最好的學校，經過她這位校長的精心訓練和折磨，你就能成為她意淫中的那個優秀男人。

說來也巧，今天中午我剛接待了一位女朋友，簡直就是你女朋友的姐妹。她三十六歲，跟老公結婚十一年，女兒十歲了。她當少女的時候看了很多瓊瑤小說，夢想中的男人就是書裡那些IQ和EQ都很高，風流瀟灑富裕又對女主角無限癡心的款型。可是，一直沒有這樣的男人來追她，唯一來追的是個她認為IQ和EQ都不怎麼樣的男人。眼看二十五歲到了，她慌了，就跟這第一個男朋友結婚了。接下來的故事就是她十幾年如一日嫌棄老公，「離婚」常常掛在嘴上。

我見過她老公，實在是個好人，收入比她高對家庭負責，愛做家務相貌也OK，只不過比較內向不善言辭。我常跟她開玩笑說，放了人家吧，他只要一單身，肯定有很多女人搶的。搞笑的是，他們還真的去辦過一次離婚，拿了離婚證書。可是從戶政事務所出來，照樣直接回家一桌吃飯一床睡覺，一天也沒有分開過，家人也不知道他們「離婚」過了。過了幾個月，他們又去戶政事務所登記重婚了。

今天她來找我是昨晚又一次爆發大戰，導火線是因為她看到老公勤勉地洗碗拖地，怒從膽邊生，覺得這男人窩囊透頂。這次升級了，她把家裡所有的碗都砸了，當晚住到酒店裡去了。「離婚」這兩個字再次從她嘴裡蹦出來，我一邊低頭吃飯一邊對她說，好啊，每個月離一次吧，反正戶政事務所你們都很熟了。她掉眼淚了，說沒有他我不知道怎麼活下去。

你肯定想問，為什麼她不乾脆離婚去找她想要的優秀男人呢？為什麼每次痛罵老公以後又會拉他回來呢？告訴你吧，謎底就是——**其實她好自卑啊，她看不起自己，她認為自己的IQ和EQ都不夠高，她幻想透過和一個優秀的男人戀愛證明自己的優秀**。可是，當這樣的男人出現在她眼前，她又退縮了，因為她找不出任何理由可以讓她自己相信，那些優秀男人會真心愛她。她認為那些優秀男人根本不會正眼看她，她也沒有勇氣去追求他們。所以當她二十五歲的時候，她沒有勇氣放棄眼前她並不中意的追求者。當時她的恐懼是成為「剩女」，她就匆忙做了一個決定，這個決定導致了一個更大的危機，導致了她十幾年來練成了一位「怨婦」。她沒有勇氣徹底離開老公，沒有勇氣自己一個人忍受孤獨。所以，繼續折磨老公是最好的方法。

其實很多人都有這樣的心理，把對自己的要求投射到親密的人身上，越是親密越是步步相逼，最後無論結果如何卻永遠沒有辦法滿足自己心裡真正的需求。有些女人曾經也覺得自己深愛過某某，後來才發現，原來是想要成為某某那樣的人而不是愛某某。

我跟這位女朋友說，她的心裡有個巨大的空洞，這個空洞是對自身價值的不認同不滿意。**她必須從自己身上找原因，找出自己內心真正的需求，而不是把所有問題歸結到老公身上**。有那工夫打壓老公，為什麼不讓自己先成為那個優秀的女人呢？

09 如果妳的夢想裡沒有他，就不能說你們相愛

問：我初中學歷，後來去上外學英語，讀的非學歷教育。我的英語綜合能力很強，在上海做過外貿教過英語。一直非常自信，但在我心底一直很遺憾，因為我很想有個大學文憑。我想出國留學增長見識，可是諮詢了一下，都只能讀語言類學校。我今年二十八歲，和男友很相愛，明年準備結婚，自己開了個小外貿公司，我知道一切就這樣發展下去也挺好，但是不知道為什麼我就是很遺憾，有些自卑。

國外有個名模，三十歲後還去讀大學，所以我非常想，可是我明年就要和男朋友結婚了，如果要出國讀書肯定得分開好幾年。他非常愛我，我怕到時候讀到了學位，可是永遠失去他了。我現在非常矛盾，雖然和他一起才幾個月，但他是一個給我家感覺的男人。

我的公司剛起步不久，沒有非常多的金錢可以供我去留學，有時候還特別傻的想，要是現在沒有男朋友的話，等我有足夠的錢後肯定就可以頭也不回的去國外了，**我像有心魔一樣，真的很白癡**。現在害得我爸媽也跟著我遺憾，後悔當初沒有讓我把高職讀完。

答：首先，一個高職文憑都沒有的人，能混到妳現在的生活水準，還有個很愛妳的男朋友

——妳要知道，二十八歲的女人有多少即使是復旦畢業的，也沒有得到妳所擁有的現在。實際上妳自己也知道，少了一個大學學歷，並沒有影響妳的職業，也沒有影響妳的愛情。但是，如果出國留學確實是妳的夢想，而被妳說成「很愛很愛我的他」，居然也不知道妳的夢想，不支持妳的夢想，那就有問題了。那就是說妳誇張了你們的關係，你們其實並沒有那麼相愛，所謂家的感覺也是假象。

妳是不是把三十歲定位人生的終點線了，妳想在三十歲前留學、結婚、開公司，妳不覺得太忙點了嗎？過了三十歲會怎麼樣？會死嗎？妳所想的那些事情就沒希望辦了嗎？我認為讀書是一輩子的事情，我雖然在二十三歲有了大學文憑，二十七歲有了美國的商學院研究所文憑，可是我沒覺得這就是我的終點了。上大學為了什麼？大多數人為了求職，看來妳不需要。妳可以為了自己的興趣，如果妳出國上大學，妳學什麼呢？我還計畫等我孩子出國上大學的時候，我也一起去呢，我要讀我真正感興趣的社會學和心理學。

人只要有一顆追夢的心，跟妳多少歲沒有關係。人活著就像一條河流，奔騰不息，何必要把自己糾結在二十八歲。**慾望很多，選一個落實，什麼都想要，就是什麼都得不到。**

10 寂寞難耐，寧濫不缺

問1：我是剛畢業的大學生，工作做了不開心，而且在兩個星期內沒休息的。今天辭職了，我說我做的不太開心，學不到東西，沒有興趣。主管問什麼是我的興趣，想學什麼，我答不上來。

問2：我跟現在男友的情況很不好，已經相處一年了，我們卻還是經常吵架，而且我難免會拿他跟前男友比較，他太依賴人，也太幼稚了點，不太成熟，家裡條件差，工作也不怎麼樣，跟前男友差距好大。我最近心情很差，因為覺得自己選錯了人，但是真的分手又覺得不捨，而且我也二十八歲了，也不太敢分，您能給我點意見嗎？

答：這是我的「麻辣情醫」部落格上經常收到的問題，核心內容就是「我不要這個，我不要那個，但是我也不知道我想要什麼」。**明明是自己不想要的，又害怕沒有更好的在後面等著自己，寧濫勿缺**。

有一個名叫朗達・拜恩的澳大利亞女人一度也深陷在「我不想要」的困境中，生活、工作一團糟，然而就在這沮喪絕望中，竟伴隨著最棒的恩賜。在女兒給她的一本百年古書中，她發現了一個偉大的秘密——生命的秘密。她開始在史料中追尋，難以置信的是，過去知道這秘密的，竟然都是歷史上的偉大人物：柏拉圖、莎士比亞、貝多芬、愛因斯坦……她用拍電影的方式將這個秘密傳播到全世界，奇蹟似的故事如潮水般湧至，人們利用這秘密，使他們理想中的房子、伴侶、親子關係和諧、工作和升遷一一出現。朗達·拜恩也出版了《秘密》的系列叢書，並有了中文版。

這個秘密是什麼？那就是吸引力法則。無論妳身在何處，我們的生活和工作都是依循同一個力量和法則，那就是吸引力！妳生命中發生的一切，都是妳吸引來的。它們是被妳心中所保持的「心像」吸引而來的，它們就是妳所想的。不論妳心中想什麼，妳都會把它們吸引過來。

比如，妳是個新司機上路，心裡一直想著不要撞車不要撞車，可是就偏偏容易撞車。比如，妳一開始去想某件不愉快的事情之後，就似乎越想越不愉快？那是因為當妳持續一種想法，吸引力法則會立刻帶來更多同類的思想給妳。

比如，某些獲得巨額財富的人，賠光了錢，但在短短的時間內又再度賺回驚人的財富。他們心中的主要思想是放在財富上面，他越專注在財富上，吸引力法則會帶來更多發財致富的思想給他。有些工作上的優秀女人很不理解為什麼有些女人各方面條件似乎都不如自己，可是卻能找到好男人。**那是因為那些女人專心致志地在找男人，她們向宇宙發射了正確的資訊，吸引力法則也就給她們帶來了更多的男人**。

最近我見到了一位大學女同學，二十年前她的特色就是什麼都看不慣，「我不要」經常掛在她嘴上。她說，我不知道我要什麼，我只知道我不要什麼。二十年過去了，她離了兩次婚，沒有孩子孑然一身，工作也換了無數個。我問她，妳找到了妳想要的生活了嗎？她說還沒找到。

問題就在這裡，大多數人都在想他們不想要的東西，那些東西一直出現在他們面前，「剩女」在想可能面臨的孤獨，不得意的職員在想老闆的兇狠，房奴在想債務……人們之所以無法擁有他們想要的，理由只有一個，就是對「不想要的」想得比「想要的」多。「不想要」是比瘟疫更嚴重的流行病，當「不想要」充滿了妳生命中的每個層面，妳得到的將會是越來越多這種煩惱。

吸引力法則最早出現在西元前三千年的翡翠石板上：As above, so below；As within, so without。**上行，下效。存乎中，形於外。**吸引力法則就是創造的法則，妳藉由思想和吸引力法則，創造出妳自己的生命。想想阿拉丁神燈的故事，燈裡的巨人總是說一句話：「您的願望，就是我的命令！」阿拉丁是個一直追求他自己願望的人，而整個宇宙就是那個巨人。這個巨人就是吸引力法則，它一直都在聆聽妳的所言所思。而妳需要做的，就是向宇宙發出正確的資訊。

11 妳「備胎」了嗎？

在大陸的鳳凰衛視一條有趣的新聞：某女士建議以後大陸的身分證要寫明婚姻狀況，方便判斷是否單身，我想她大概是遭遇過假單身的隱婚族吧。可是如今這年頭真是防不勝防，就算身分證能辨識是否已婚，可是妳架不住對方有同居戀人，或者有個「備胎」。

如今真是「備胎」盛世，誰都怕單身著，惶惶不可終日，身邊一定得有個貌似戀人的人；可是妳追問下去你們相愛嗎，被問人會皺著眉想半天，然後慢吞吞地說「應該是……愛的吧。」有了「備胎」呢，也不閒著，東張西望整一個騎驢找馬的腔調。有的人是把一個冤大頭當「備胎」，有的人是互相「備胎」，有的人半推半就跟「備胎」結了婚，依然**一顆賊心兩種準備。**從什麼時候開始，我們喜歡這麼不純粹的愛了？**從什麼時候開始，我們集體感染了一種「好死不如賴活著」的病？**

「我二十九歲，第一次戀愛談了三年分手，很快認識了現在的男朋友，我當時對感情已經不再有那麼多憧憬了，想都這麼大了，找個踏實本份的人結婚算了，談戀愛傷心傷神，真的很累。」在這種心態的驅使下，找來的男人能是什麼好貨呢？妳對他能有多少愛呢？無非是填補一下情傷後的空虛，自然就是「備胎」了，還要勉強自己把備胎當正胎，「我會常常問他是否真的喜歡我，因為我很懷疑。我們有了爭執很不愉快，我覺得他不愛我」。

如果妳想要的男人是「開朗，寬容，關心我」，把這些要求比做一張紅心A，那麼找到它最好的方法是什麼？答案是——把一副牌五十四張一張張挑，直到找到紅心A，而不是硬要把黑桃3改造成紅心A。哪怕妳二十九歲，哪怕妳三十九歲，都不能放到籃裡就是菜。趕著三十歲來臨之際把自己的「單身」身分變成「已婚」，那麼不出一年就會又有新身分——離婚女人。結婚不是魔杖，無法讓兩個不合適的人變得合適了。

為什麼現在男男女女都耐不住寂寞？為什麼「備胎」流行？為什麼大家不好好地投入談個戀愛而要用「備胎」（虛假戀愛）麻痺自己？

大陸女作家劉瑜說：「愛情的偉大之處是它可以遮蔽一個人存在的虛空，愛情的渺小之處在於它也只能遮蔽這個虛空而已。對於解決自我的渺小感，愛情只是一張假鈔！」一大票本應該風華正茂的年輕男女，為了抵抗他們無聊空虛平淡的人生，馬不停蹄地在這個和那個男人女人之間演出私奔、移情別戀、死去活來……

喜歡用「備胎」的男女都說「我內心深處想有個人陪」，但是「備胎」能給予的只是形式上的陪，心裡照樣空空的，妳其實不愛他，他又能讓妳開心多少呢？耐不住寂寞，是啊，耐不住，濫竽充數，就會自找痛苦。

妳常常會發現，一開始無怨無悔任憑妳如何折磨冷落也堅貞不二的「備胎」，一旦得手就會面目猙獰性情大變，以往的柔順煙消雲散，變著法地收拾妳，而妳錯愕不已，搞不明白為什麼一夜之間將軍變奴隸，奴隸變將軍。「備胎」變成了發射毒汁的「癩蛤蟆」就在轉瞬間，心理學上的解釋是，**沒有人（只要他精神健全）真的願意當「備胎」，對方的隱忍只是為了一個目的——得到妳，而一旦此目的達到了，對方就可以實行全面的掘地反擊戰，向妳討還尊嚴以彌補對方的損失。**

我每天都能收到很多忙著為得到愛和失去愛的抱怨嘮叨，愛情的成本很小，進入門檻很低，如果要以創立一個企業、一個藝術品、拯救一個物種來證明自己，所需要的才能資源太多；而要製造一場愛情或者看上去像愛情的東西，只需要兩個人和一點荷爾蒙。於是，即使沒有真愛情，假愛情也可以謀殺時間，所以「備胎」流行。

愛情是妳的一面鏡子，妳是什麼樣，妳的愛情就是什麼樣。愛情是錦上添花，絕不是雪中送炭。

12

成熟的人必須具備的不能跟愛人「借」的能力

問：我和男友大二開始戀愛至今五年，中間經歷了很多。他是外地人但在滬買好房子，我父母都沒意見，我也一直認準了就是他。但他的工作是銷售，從早到晚連週末全都佔滿了，沒時間跟我電話、約會；太累也沒心思營造男女間的關懷和驚喜，我生病了他也不關心。雖然情有可原但倍感孤單，最近一年我們時常會鬧不開心，他情緒異常消極。他突然提出分手，說也許他在上海根本生活不下去會回老家，現在拖著我反而耽誤了我。可是我覺得相愛就能克服困難，再說這個困難貌似也不大，大學生沒理由在上海生活不下去。我很難過，覺得他不夠愛我，遇到困難就選擇放棄我。我該怎麼辦？（奶茶）

答：妳說「中間經歷了很多」——我想實際上是經歷的不多，你們是從大二開始戀愛的，出社會時間不長，也談不上有什麼特別困難的經歷。兩個人的感情確實跟外部環境密切相關，感情好不好不單是看一切順利時有多甜蜜，更關鍵的是看困難的時候是否能互相扶持。很多校園情人畢業後散夥，就是因為碰到社會上的現實困難，就不能共患難。**路遙知馬力，日久見人心。當然，有些戀人夫妻是反過來，可以共患難不能同享受。**

妳說這困難貌似不大，但是我覺得很大，對他來說，就是怎麼在上海安身立命，這是個嚴峻的問題，是妳幫不了他的問題。妳並不能送他一個錢多事少離家近的工作，妳也不能幫助他提高承受挫折的能力。他反而會在重壓之下遷怒於妳，把妳也當成了壓力的一部分。

如果他沒房子，妳父母會有意見嗎？很多外地來的大學生在上海成了「蟻族」（註11），這是妳這個本地女孩不會遭遇的困難。好夫妻好情侶不是永遠不吵架沒分歧，而是他們掌握解決矛盾的方法。把目前的困難當作你們關係的修練吧，能不能過這一關決定了你們日後的路。

此文章在我部落格上引來了很多的回應，一天之後，奶茶又留言如下：

問：我知道我還太小姑娘了，滿腦子都是愛情愛情，初戀都是這樣的吧。我們分手了，他很堅決想回老家。也許我經歷了分手之後，下一次就會知道了，愛情不是能解決一切的。但我想這種瞭解是符合現實的，但卻是悲哀的吧，我對精神世界的追求太高。我想我以後一定會懷念當初那個只知道愛情的女孩子。這五年我為他做了很多，但是他很固執，無論我說什麼都改變不了他的低落情緒。我不知道我還能怎樣，現在分手了也沒什麼好說的了。（奶茶）

答：為什麼知道了「愛情不能解決一切」妳以為是悲哀的呢？妳不喜歡真相嗎？妳更喜歡活在自己的想像中嗎？我可以斷定，日後等妳真正成熟後，妳是不會懷念那個只知道愛情的今天的自己，至少妳不會認為妳今天對愛情的理解是至高無上的。

我在上海醫科大學給學生們做公益講座，題目就是「戀愛中成長」，我的觀點是戀愛是幫助我們成長成熟不可缺少的途徑之一。**戀愛的意義一是裸露生命，二是關懷生命。**生命中的真實很難被體會，能讓人受傷、裸露的似乎只有愛情，愛情是真正認識自我的機會；透過戀愛，妳才能真正體會到什麼叫關愛他人，除了母愛，愛情是促使自私冷漠的現代人活得還像個人的最重要的力量。

愛情是一種催化劑，但是她絕不是一種魔藥可以把無變成有，不會把一個懦夫變成勇士，不會把一個魔鬼變成聖人。所以，不是妳的愛情出了什麼問題，而是妳對人的判斷出了問題。妳的前男友是個什麼本質的人？**在一切順利的時候，不容易看出來，經歷了困難磨難，才容易看出一個人的本質。**現在看清楚了，你們志不同道不合，分手了，難道不是好事情嗎？

有很多夫妻結婚前沒有機會看到對方的本質，對人對世界的看法還停留在很幼稚的階段，婚後幾年有了孩子，因為生活狀態的大變化，產生了分歧裂痕，彼此看得清楚了，決定分手，結婚前埋下的定時炸彈終於爆炸了。

「五年來，我為他做了很多，但是對他沒有改善，他的性格很固執……」妳做了些什麼呢？我想大多是安慰和鼓勵吧。但是，愛情能改變一個人的本性嗎？不能。每一個人想要獨立活在這世上必須具備一些能力，這些能力是不能向愛人「借」的：

與人建立感情關係的能力
與人分享內在感受向人顯露自己的弱點
適度果斷和掌控的能力
能夠說NO
具有採取主動的驅動力
基本的組織能力
接受不完美，能饒恕
懂得悲傷
自主思考並能表達自己的意見
學習成長
冒險
發揮自己的專長
有責任感
做個自由的人，不受內外因素左右
有自然的性取向
有心靈的生活
有道德感

看上去要求很高是不是？但是這確確實實是一個人安身立命的根本，這些能力，不是單憑妳愛我、我愛妳就可以獲得的，妳沒有我可以給妳的，我只可以影響妳，我做不到把我有的能力送給妳。具備這些能力，需要妳自己的修練。**婚姻是兩個成熟的人的結合，不是兩個都無能的人彼此彌補缺陷，兩個無能的人只能把日子過得更糟**。

妳現在確實還是「小女孩子」的心態，高估了愛情的力量，分不清彼此的界限，哪些是他自己應該承擔的，哪些是妳可以幫助的。一個「女孩子」長大成為一個「女人」，不單是妳的生理年齡從二十二變成三十二，而是心理年齡，是妳對人對事對這世界的基本判斷。有一句話妳說錯了，妳不是「對精神世界的追求太高」，妳是對自己的精神世界追求太低。什麼是精神世界？就是愛情嗎？愛情只不過是妳精神世界的一小部分，妳自己的精神世界就是我上面提到的那些能力。一個自己沒有強大的精神世界，只把戀愛當依賴的人是不會有幸福的愛情婚姻的。

註11：蟻族：是大陸地區對「大學畢業生低收入聚居群體」的典型形容。

13 他劈腿，他害怕，他不知道要什麼？

問：男朋友去年背著我找了一個女孩，我們彼此都不知道對方的存在。被我發現後大鬧了一場，他當時向我保證會跟她斷掉。我很受傷，但我捨不得這份感情，我們和好了。可是現在我又發現了他們在聯繫，還見過面。他跟她說已經跟我結婚了（其實並沒有），跟她不可能，可是又關心她的工作，主動聯繫她。後來說這樣做是因為心存愧疚，我不能接受他這樣該斷不斷，難道他對我就沒有愧疚？

我說分手，他不同意，說要徹底跟她斷，後來就給她玩消失。那女孩瘋狂找他，還把他們的聊天紀錄發給我。本來已經死心了，可是看到在聊天紀錄中他稱我為「那傢伙」，我氣得不行。或許他根本對我不是愛？如果不愛，又為何要說已經結婚了？我真的想不通，無法安心工作，整天就是煩悶的。

答：我試著讀讀他的心吧——他害怕，他不知道他應該去做他想做的事情，還是應該去做對的事情。那個女孩，是他想做的事情；而妳呢，跟妳結婚，是他以為或者周圍的人都以為是對的事情。他嘴上說要跟妳結婚，他也試圖說服自己跟妳結婚是世界上最正確的事情，但是他的心出賣了他——不，**其實，他並不甘心跟妳結婚，他還想嘗試別人。**

當然，他對妳有愧疚，所以才對她說跟妳已經結婚了，也是為了說服自己，克制住自己。他對她也有愧疚，因為他真的愛上她了！在他身上，有兩個他，在向兩個方向拉扯他。

失望嗎？痛心嗎？但是，是真的，他愛上了別人，但是不等於你們就完蛋了。他在嚴重地懷疑自己，要不然就不會做如此自相矛盾的事情。

妳恨他？當然。但是，請妳理解這樣的情感變化是很正常的，也可能發生在妳的身上。怎麼辦？**退後三米，不吵不鬧，告訴他，給他時間讓他自己選擇；告訴他，他需要勇敢地面對自己的真實的心，不欺騙他人也不要自欺；同時別忘了告訴他，妳的等待是有期限的。**

14 老男人迷戀症

「戀愛訓練營」的一位女學員，看了「我知道妳為什麼剩下」，一條條對照，發現都沒有問題，那為什麼她還找不到男朋友呢？經過一個多小時面對面的諮詢，我終於發現了，原來她有「老男人迷戀症」——她已經三十歲了，內心還覺得自己是個少女，拒絕長大，迷戀所謂的成熟老男人。

在她眼裡，**老男人＝成熟男人＝優秀男人＝好男人**，她以為老男人能當她的精神導師，能告訴她如何處理職場中的問題，乃至生活中的所有問題；她以為老男人穩重可靠、經驗豐富、忠誠可靠。我問，妳可知道老男人的壞處？其實，老男人的好處就是壞處，他們擁有太多的過去、經驗和歷史，他們不可改變，他們有控制慾，妳需要適應他們。**人缺什麼就求什麼，窮姑娘想嫁富豪，幼稚的女人就想找成熟男人。**

妳已經三十歲了，還不是成熟女人嗎？妳以為老男人能教妳什麼呢？他們哪裡有那麼大的本事。我有個單身女朋友四十五歲了，還一天到晚嚷嚷要找成熟男人。我問到底多大歲算成熟男人？她說六十歲！我簡直要暈過去，六十歲，土都埋到眼睛了。

老男人都喜歡小女孩嗎？首先老男人不是都喜歡當老師，辦少女成長訓練班，他們也會嫌當老師太累人，他們不想負擔女人那麼多，他們想要旗鼓相當的成熟女人。有些老男人喜歡當SUGAR DADDY（美語，爸爸型的情人），但是他們喜歡二十歲的小女孩，不喜歡三十歲的「小女孩」。二十歲的小女孩老男人還有塑造的餘地，三十歲的「小女孩」可不是一張老男人可以隨便揮灑的白紙，她們有很多要求，因為三十歲的生理年齡和二十歲的心理年齡，她們有很多糾結。同齡的男人她們看不上，喜歡小女孩的老男人又嫌她們老，真是悲催。

缺愛症

01我們常常被同一塊石頭絆倒第二次，連倒下的姿勢都一模一樣。

02那個已經離去的男人是不會來回答妳的，就算他說了，妳也聽不懂。

03男女之愛是有條件的，這裡的條件不是指金錢物質，而是指互相給予；而父母之愛是無條件的。愛是什麼？愛是自由，給予，支持；愛不是藤纏樹樹纏藤。妳需要好好地建設自己的內心世界，妳需要學會自立，不是挽回感情。今天很多界限不清痛苦萬分的成年人無疑是小時候沒有發展好這一重要功能。

獨生子女，遇到難時各找各媽

04結婚是兩個成年人的遊戲，兒童不宜。

05對結婚有幻想，結婚後一定失望。真實的婚姻生活是什麼呢？那就是，夫妻兩個不單是在順境時能在一起，在困境中還能在一起互相扶持。

女人為難女人

06女人為什麼老是只把女人當作假想敵？對妳不負責任的是那個死男人，不是他老婆啊，妳該整的是他，不是她！

07自己的一堆爛帳不去了結卻已經跟妳開始，妳還要說他是個好人？一個百分百的好男人怎麼會跟一個百分的壞女人去領了結婚證書？妳愛得要死的男人是智商為零還是個隱性的精神病人？

散發什麼氣味招什麼人

08你是誰，你就會吸引來什麼人。如果你唯一的優點（或者表現出來的）就是有錢，那麼就不要怪女人衝著你的錢來！

09人要學會看清自己的問題。你對前一段婚姻的經驗教訓是什麼？是不能交流那些有內涵的主題嗎？如果妳存在釣金龜婿的心態，就莫要怪他比妳還現實。如果他一見面就對妳萬般殷勤，他可能對每個如妳一般的女人都是如此。

10如果妳總是歇斯底里，那妳找的男人精神也不會太正常。

11如果他為了妳拋妻棄子，那麼將來難保不在妳自己的身上鬧劇重演。

12很多推理在愛情中相當有效，偏偏多數女人期待來人是神，或是天使，不然就太過現實，再不然，就認為只要有愛，他便立地成佛。

披著愛情皮的依賴

13在遭受一次失戀重創之後遇到了他，他的細心愛心讓妳來不及分辨他的本質是什麼樣的。愛情是建立在什麼基礎之上的？就是生活起居對妳的照顧嗎？就是那一堆甜言蜜語嗎？

你是好老公的人選＝你傻

14一個人沒有到臨死前那一刻，就不要輕言什麼「一輩子」。

15「見過雙方家長」實在不值得拿來證明你們的感情有多好。離婚的夫妻都見過雙方家長。

16「女人說你是『好老公』」，潛臺詞就是「你是個爛好人」。

想要蘋果偏跟梨過不去

17妳的母親之所以有不幸福的婚姻，很可能就是當她碰到這些問題的時候，採取了躲避或忽視的態度，報著「結婚以後就會好的」僥倖心理走進婚姻。

18對自己不負責任，不去選擇，讓別人選擇自己。

19妳為什麼要結婚？自己想過嗎？是為了有個人對妳好嗎？妳所說的跟男朋友的分歧就是精神上無法交流，價值觀不同，對生活的理念完全不一樣，這樣的人，能跟妳有和諧幸福的婚姻嗎？

20如果妳明明想要的男人是個蘋果，為什麼偏要跟個梨過不去？非要他變成蘋果呢？一個妳不欣賞的男人對妳好，妳是不會領情的。

21每一次的「試錯」都能幫助妳明確自己到底要什麼樣的男人。明明知道他不是對的人，是錯的，還不敢做選擇，那是對自己不負責任。

逃離一心想改造你的女人

22把對自己的要求投射到親密的人身上，越是親密越是步步相逼，最後無論結果如何卻永遠沒有辦法滿足自己心裡真正的需求。

23人只要有一顆追夢的心，跟妳多少歲沒有關係。慾望很多，選一個落實，什麼都想要，就是什麼都得不到。

寂寞難耐，寧濫不缺

24明明是自己不想要的，又害怕沒有更好的在後面等著自己，寧濫勿缺。

25那些女人專心致志地在找男人，她們向宇宙發射了正確的資訊，吸引力法則也就給她們帶來了更多的男人。As above, so below；As within, so without。上行，下效。存乎中，形於外。

備胎症

26如今真是「備胎」盛世，誰都怕單身著，惶惶不可終日，身邊一定得有個貌似戀人的人；可是妳追問下去你們相愛嗎，被問人會皺著眉想半天，然後慢吞吞地說「應該是……愛的吧。」

27一顆賊心兩種準備。從什麼時候開始，我們集體感染了一種「好死不如賴活著」的病？

28沒有人（只要他精神健全）真的願意當「備胎」，對方的隱忍只是為了一個目的——得到妳，而一旦此目的達到了，對方就可以實行全面的掘地反擊戰，向妳討還尊嚴以彌補對方的損失。

29愛情是妳的一面鏡子，妳是什麼樣妳的愛情就是什麼樣。愛情是錦上添花，絕不是雪中送炭。

「借」愛的能力

30戀愛的意義一是裸露生命，二是關懷生命。

31愛情是一種催化劑，但是它絕不是一種魔藥可以把無變成有，不會把一個懦夫變成勇士，不會把一個魔鬼變成聖人。

32在一切順利的時候，不容易看出來，經歷了困難磨難，才容易看出一個人的本質。

33婚姻是兩個成熟的人的結合，不是兩個都無能的人彼此彌補缺陷，兩個無能的人只能把日子過得更糟。

劈腿症

34其實，他並不甘心跟妳結婚，他還想嘗試別人。

35失望嗎？痛心嗎？但是，是真的，他愛上了別人，但是不等於你們就完蛋了。他在嚴重地懷疑自己，要不然就不會做如此自相矛盾的事情。

36退後三米，不吵不鬧，告訴他，給他時間讓他自己選擇；告訴他，他需要勇敢地面對自己的真實的心，不欺騙他人也不要自欺；同時別忘了告訴他，妳的等待是有期限的。

老男人迷戀症

37老男人＝成熟男人＝優秀男人＝好男人？人缺什麼就求什麼，窮姑娘想嫁富豪，幼稚的女人就想找成熟男人。妳幼稚嗎？

第五章　婚姻戀愛問題上如何管理父母

說實話，我很同情現在的 80 後，過年回家還要被催婚，這是我年輕的時候不曾有過的事情。獨生子女政策造成了兩代人的焦慮和痛苦：焦慮痛苦的 50 年代生父母，痛苦焦慮的 80 後子女。**過去三十年中國變化太大了，這兩代人的代溝不是三十年，是一百年！**

1
我媽說“婚姻是沒有幸福可言的”……
2
我媽說“妳一定要結婚，
不結婚就是不正常，父母會沒面子”……
3
……年輕要自強，不要動不動就“我媽說”。
這樣神經病的邏輯妳們聽得懂嗎？
4
……

01

妳被親情綁架了

問：我小時候一直跟爺爺奶奶長大，因為家中無房，五歲時多了個弟弟父母無力照顧。父母住的不遠，但不住一起總還是疏遠了些。大學起叔叔負擔我幾乎所有學費生活費。因為家裡一直租房，所以讀了大學以後寒暑假回家都住姑姑家，直到現在工作了回家也都住姑姑家。讀大學到現在，在外面十年了，父母給我打過的電話可能有五個，而且二〇〇八年我就給父親和弟弟都買了手機。父母不是不疼我，但是，太少了。

今年十月父母買房，我把工作兩年的積蓄拿出大半。十一月爺爺生病，我回家探望，母親卻連房間都沒收拾就讓我直接睡父親房間（父母一直分房睡，而當天父親晚上在醫院），而房間的被子都沒疊也沒換過床單被罩。我知道父母不是講究的人，但我好歹回來一趟，房子我也出了四分之一的錢，也算對家裡有點貢獻，為什麼父母不能對我回家表示一點高興呢？

而後父親幾個兄妹商量每人出五千元（人民幣）繳納爺爺的手術費，因為父母剛買了房沒有錢，我又給家裡匯了四千元，而昨天姑姑說父親只給了三千元出來。要知道我給家裡匯款時帳戶上只有五千元多了，如果他本來就打算只給爺爺三千元，那為何我匯款的時候不說呢？我的壓力也很大呀，我在深圳看著卡上那剩下的一千多塊錢不是不慌的。

我還有個弟弟，二十二歲還天天閒在家，母親甚至說以後就把弟弟交給我了云云，我當時就說不，贍養父母是義務，但我並不認為弟弟也在義務之內，但以後真的有什麼事，我也不能不管啊。

現在覺得心裡壓力挺大的，一方面我認為應該照顧家庭，但另一方面我又覺得父母並非真愛我，心有不甘。我願意盡力照顧父母弟弟，但我希望他們也能夠盡力照顧我。馬上過年了，今年回家，你說我是住姑姑家還是自己家呢？我是不是太敏感了，要得太多了呢？以後家裡再有什麼事，我是幫呢還是不幫呢？

答：妳被親情綁架了，因為妳小時候沒有得到父母的愛，現在妳希望用妳對他們的幫助來換回他們的愛和對妳的重視，然而他們沒有一點感恩的表示，妳非常失望。妳曾經缺失的父母之愛，不是今天妳給他們點錢，就可以換回來的，不要把自己變成家人的人肉提款機。

幫誰？第一個要幫的是妳自己啊，妳並不富裕，換句話說經濟上還很緊張。妳二十八歲？單身？妳需要在心裡建設自己的家，一個人的家，姑姑家，父母家，都不是妳的家了。妳回去住誰家都行，但是要記住那不是妳的家！不要以為妳出了四分之一的錢，那就是妳的家了。

管好自己的錢，不要因為照顧家人把自己毀滅。我不得不非常殘酷地說，妳的父母並非真心愛妳，妳只是他們的一個工具。他們重男輕女，放在舊社會，他們會逼妳嫁給有錢的老頭，換回錢給妳弟弟娶老婆，這就是中國農民的典型思維方式，而且他們還會認為這樣做沒什麼不對的，所以他們會容忍妳弟弟二十二歲了還閒在家裡。

妳媽還說要把妳弟弟交給妳，好像他是六歲或者是精神病人，弟弟以後會有什麼事？會有很多很多事，沒工作要花錢，要討老婆，要買房，要養孩子，孩子要上學……妳是打算都管嗎？對了，妳家好像有這個傳統，妳叔叔和姑姑都代替妳的父親負擔了妳很多事情。妳父親是他們兄弟姐妹中最沒用的那個嗎？

妳需要劃出一條清楚的心理界限，跟妳父母弟弟。明白什麼是妳的責任，什麼不是。大陸作家柏楊的《醜陋的中國人》形容中國人生活在一個大醬缸裡，誰離了誰都不能活。父母從小控制孩子，犧牲自己全部奉獻給子女；等老了，又要依賴子女活著，特別是精神上；子女年輕時被父母干涉工作婚姻，等中年了，干涉父母黃昏戀。

家裡最懶惰的那個子女，總能得到最多的寬容最多的饋贈；家裡最勤奮能幹的那個，總是被剝削……一旦哪個子女做上官了，那可就是一人得道雞犬升天！這就是我們古老文化裡害死人的東西。在這個系統裡，誰也離不開誰，互相折磨。多年媳婦熬成婆，自己被折磨了，一旦掌權就去折磨下一代。

人們常常專注在要有愛心、避免自私自利，卻忘記自己的有限和界限。「我要怎麼回答那些需要我愛心、精力、金錢幫助的人呢？」「我可以在設限後仍是個有愛心的人嗎？」界限是什麼？**在我們的生活當中，任何有關責任與主權的困惑與混淆都是一種界限問題。**想要有一個平衡健全的生活，明確的界限是很重要的，它是個人產權的分界線。**我們必須懂得**

什麼是我們的責任，什麼不是我們的責任；我們必須有智慧去分辨，什麼是我們應該做的，什麼是不應該的。那些硬要把別人的工作都一肩承擔的人，遲早會累死，給自己帶來毀滅性的結果，同時，他們也會縱容那些不負責任的人成為寄生蟲。

界限建立在三歲的小孩身上最為明顯，他們應該很熟練地做好以下幾件事：

第一，可以和他人感情很親密，卻仍擁有「自我感＋跟人分開」的自由。

第二，可以適當對他人說NO，卻不怕因此失去對方的愛。

第三，可以接受別人適度的拒絕，卻不會因此在感情上畏縮起來。

看到這些，有的人會驚呼「三歲小孩就必須會這些？三十歲的人都未必會啊！」是的，這些事是不容易做的，但是確實是從幼兒期就發展出來的。今天很多界限不清痛苦萬分的成年人無疑是小時候沒有發展好這一重要功能。

建立心理界限讓我們正視每一個人都是能力有限，不可能無休止無節制地幫助他人。我學心理諮商上的第一課就是，知道諮詢師和求助者的界限在哪裡，不能把自己當上帝或觀音菩薩。

曾經有求助者要求我提供手機號碼，二十四小時都能找到我，我堅定地拒絕了，不管她給我多少錢，否則我的生活就毀了。碰上超出我專業能力的案例，我會轉介給合適的諮詢師；對心情不好需要找我傾吐的朋友，我會先看下自己的時間安排；對我無力解決的問題，我會坦然地說「抱歉，我幫不了你」。

用親情來「綁架」家庭成員的人，其本質是不想為自己的生活負責任的人。他們的專長是以「親情」之名讓你產生強烈的愧疚感，用「愧疚」來控制你，剝削你，為所欲為。中國的明星蔡少芬就長期替母親還賭債，什麼片都接，甚至損害了自己的形象。直到後來她忍無可忍，宣佈再也不替母親還債了。被親情「綁架」的明星還有一長串，張柏芝、張學友、「小甜甜」布蘭尼、詹妮弗．安妮斯頓……他們最後都覺醒過來，不再承擔他們本不該承擔的責任，讓他們的家人學會對自己的生活負責。

最近網路上有好事者爆料中國著名導演張藝謀的兄弟擺地攤度日，指責他對家人不盡責。有趣的是，歐巴馬的弟弟在深圳赤手空拳打拼，美國人不會認為總統對家人不好。

想要擺脫親情的綁架，**需要克服兩道心理上的坎兒：一是不要害怕當「壞人」**。我們每個人都希望當個好人，特別在家庭中，最怕背負「不孝」、「不好」的名聲。親人也會做壞事錯事，我們必須挺直腰杆說NO。**二是不要害怕與家人意見不一，失去他們的愛**。生在同一個家庭不等於價值觀是相同的，特別現在還處在劇烈變革的時代，兩代人之間的價值觀天差地別，兄弟姐妹之間也可能不是一路人。我們不能強求對方完全順從我們的價值觀，只有彼此尊重，然後各過各的。**人與人之間良好的關係，必須建立在彼此可以自由地拒絕對方，坦然面對衝突這個基礎上。**

02 為人兒女當自強

大陸的江蘇衛視以前有一檔節目《幸福晚點名》，目標觀眾是80後和90後。我去當過嘉賓，候場時觀看前面一檔節目的錄製，話題是80後和90後子女對50年代生父母的分歧。場上有二十個年輕人，五位50年代生父母代表，其中一位是曾寶儀的媽媽，曾志偉的前妻。寶媽非常強勢，對年輕人這也看不慣那也看不慣，穿低腰牛仔褲都不入她的眼。

她說以前的父母很威嚴，現在的父母很卑微。她現在跟小女兒住，按照她的話說「不得不寬容子女」，說到女兒反鎖房門她很憤怒，因為家裡只有她們兩個人，她認為女兒鎖門就是防她。我心裡暗想，做她的女兒真的好辛苦。說到跟曾寶儀的關係，她是一萬個擔心，而曾志偉是女兒做什麼都好都可以。雖然曾寶儀是跟著媽媽的，但是我相信她一定超喜歡這樣的父親。當然，寶媽也認清了形勢，覺悟到她應該也只能放手讓女兒們自己成長。

二十個年輕人中有個男生叫暢暢，他是個專業的拉丁舞者，非常熱愛跳舞，並且在英國黑池比賽中取得了很好的成績。他說起教小朋友跳舞，眉飛色舞，感染所有人。但是，坐在他對面的父親卻很反對他的職業選擇，認為是吃青春飯，沒前途，覺得他太「娘」。父親自作主張替他報名去參軍，他認為只有當兵才能鍛鍊出一個男子漢。

父親和兒子各執一詞，其他年輕人也講述了很多他們選擇職業路上父母的阻擾。他們都很困惑難過，哭了好幾個。同齡的主持人也控制不住情緒投入進去，使得這檔節目的錄製遠遠超出了規定時間。

有個年輕人說「做自己喜歡的工作，自信快樂最重要」，一位50年代生的母親馬上反駁道「快樂值幾個錢？不要講大道理！」引起年輕人一片噓聲。

我很感慨，快樂值幾個錢？這是最典型的物質匱乏時代人們的價值觀。這位50年代生的母親顯然是窮怕了，而且至今還很窮。不見得是經濟上的，而是心理和精神上的，她這一輩子是做定窮人了。

年輕人是不理解這一點的，暢暢就反駁說：「如果不快樂，那活著做什麼呢？」這句話，是滿足了溫飽以後才會發問的。那個50年代生媽媽，在她一生的大部分時間裡，跟同時代的中國人一樣，活著就是為了穿衣吃飯，快樂對她來說是奢侈品，是大道理。然而，就是只有這點見識的父母，還要去干涉子女的職業選擇、戀愛選擇、結婚選擇、做人的選擇。

我對那些年輕人說，我很同情你們，我在你們的年紀，父母可沒有管我們那麼多。那時每家都有兩三個子女，父母沒空管，父母也沒有錢，什麼都要靠我們自己，我們擁有很大的自由生長空間。而受到來自父母的愚蠢的干涉是驚人的，於是他們就更需要建設一顆強大的心臟。

有個80後網友說的好，**80後的父母之所以那麼喜歡干涉子女，從工作到婚姻的所有的事**

情，原因是因為有些子女從來沒有做過一件事能證明「我能」。在父母眼裡，他們永遠都是長不大的孩子。所以對於他（她）第一次因為戀愛的犯上作亂習慣性地投不信任票。父母不相信他（她）看得對人，不相信他（她）一旦遭遇失戀能理智對待，不相信……於是，他們玩「斷絕關係」、「以死相逼」、「心臟病高血壓大爆發」……或者來一句「你自己看著辦吧」。很多子女就為這句話投降了，因為他們好害怕，他們活到這麼大從來也沒有「自己看著辦過」。

上海《新聞晨報》的一篇調查，問50年代生和80後兩個人群「80後能否三十而立」？結果61%的80後認為自己行，他們對「而立」的理解第一條是「心智成熟，有責任感」，第二條才是「事業有成」。而大部分的50年代生認為80後不行，他們對而立的理解的第一條是「事業有成」，第二條是「經濟獨立」，都是物質的部分，沒有心理的部分。

我認為這恰好說明了50年代生這一代不行。50年代生是80後的父母，是中國第一代獨生子女的父母。導致他們子女不行的人，不就是他們自己嗎？再來看看50年代生自己的成長之路吧，他們可以說是新中國建立後最倒楣最坎坷、吃苦最多的一代人，他們經歷了上山下鄉（註12），返城後淪落到社會底層，理想破滅走上了另一個極端。**正是他們從小教育80後「什麼理想信仰都是假的，撈現鈔才是真的」，正是他們把內心的仇恨怨恨、對他人的防範冷漠傳遞給了下一代**。除了幸運兒在恢復聯考後進入大學後，大部分的學歷都很低；除了現在控制了國家資源的當權者外，很多人在為溫飽奔走，更多人把棺材本拿出來替80後買婚房。

看兩代人對「立」不同的答案，就能看出他們的價值觀有多大差別。50年代生還沒有從心理上擺脫貧困，他們眼前所能看到的，除了錢還是錢。50年代生自己也沒幾個心理上「立」起來過，他們哪怕已經混得可以，內心也是一片廢墟。**理想破滅比理想缺失還要可怕，缺失了還可以去探索，破滅就是堅決拒絕去尋求任何信仰了。**

經常有媒體來問我，為什麼現在80後跟父母的矛盾那麼深？雖說代溝古今中外都有，但是中國過去的三十年走過了歐美一百年的發展歷程，導致了50年代生跟80後不僅僅是三十年的生理年齡差別，在價值觀和生活方式上差了一百年，矛盾怎麼會不深呢。我常跟80後說，不要奢望你們的父母理解你們，他們實在沒那個能力，你們需要勇敢走自己的路。

我想說的比他們更大膽一點，我們不需要孝道，中國文化中的「孝順」跟老百姓對皇帝的臣服是一個概念，所以古有「君要臣死臣不得不死，父要子亡子不得不亡」，都是絕對服從。我們不需要「孝順」父母，我們需要愛他們、尊重他們、關心他們。「孝順」是封建垃圾，是使得中國人活得壓抑，使得中國至今不是一個大國強國的原因之一。

註12：上山下鄉指的是二十世紀六、七十年代中國在文化大革命運動期間，毛澤東發出「農村是一個廣闊的天地，到那裡是可以大有做為的」，「知識青年到農村去，接受貧下中農的再教育，很有必要」的指示，中國政府組織大量城市「知識青年」離開城市，在農村定居和勞動的政治運動。

03 回到老家就一切OK

問：我和他是大學同學，畢業前夕確定了戀愛關係。這兩年住在一起，總感覺不是很滿意：他不夠體貼，很多時候都忽略了我的感受；大男子主義很重，家務事都不沾手；週末休息都說累，待在家裡看動漫從不和我出門，卻可以和同事一起玩個通宵；對未來生活沒有太多想法，總認為我想那麼多遙遠的事情是多餘的。

我年紀不小了，開始考慮結婚了。現在我辭職了，打算放下一切回老家，又捨不下他，在留與走之間不斷反覆。繼續留在這個城市，我們兩個都是外鄉人，只有些許同學關係，工作都很一般。在房價飛漲的今天，我可以和他一起租房子住，但是他沒有對將來的規劃，讓我覺得未來很迷茫，會讓以後的我懷疑今天的堅持是否值得？

回老家的話，有愛我的家人，以及一直在幫助我、關心我的親戚們。尤其是我媽，非常想讓我回家，我可以進個公司，對他們對我都有好處，可以互相照顧。自己在外八年，一直忽略了他們，很愧疚，他們也不希望我嫁那麼遠。但是我回家，即使我再另外找個人相親相愛，我還是會後悔今天放棄這段四年的感情。妳怎麼看呢？

答：妳做人的主旋律難道就是「後悔」嗎？**人活著，就是不斷地選擇。**選擇意味著拿起這個，放下那個，而妳，就是不想選擇，不想做任何的捨棄。妳對男朋友的評論可以用「很差」來形容，今天放棄是四年，明年放棄是五年……**你們根本就是志不同道不合，對生活的理解都不同，無法一起過活，這跟你們身在哪個城市，身邊有沒有家人，職業發展好不好，都沒有關係。**就算是你們現在都不差錢，可以買房住，你們也會分手的。從妳的描述裡可以看出，你們之間愛情早就死亡了。妳對他，只有算計，計算。妳的猶豫彷徨來自對不確定的未來的恐懼，而不是失去愛情。

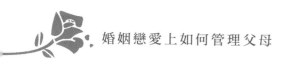

我相信，妳以後找到了相愛的人，是不會後悔的；但是，如果妳以後幾年一直不順利，找不到相愛的人，妳肯定會後悔。**有的人就是這樣，明明是自己不要的一樣東西，可是沒有替補心裡就不平衡，一個人就過不下去，屬於寧濫不能缺型。**

妳說他對未來的生活沒有規劃，那麼妳自己有什麼規劃呢？沒看出來。難道就是要找個可以一舉幫妳解決房子車子的男人嗎？難道就是依靠父母親戚的幫助嗎？如果離開男朋友，離開家人，妳自己就不能規劃未來的生活了嗎？雖然妳大學畢業好幾年了，心理上似乎還是個沒有斷奶的孩子。

說到妳回老家，如果是為了享受父母親情OK。不過，我很懷疑妳親愛的父母親戚們，能在工作上、生活上到底對妳有多大的幫助？他們能幫妳找到滿意合適可持續發展的工作嗎？他們能送房子給妳住嗎？他們能送一個跟妳相愛的男人嗎？不知道他們在妳的老家有多大的權勢多大的能量，如果也都是普通老百姓，那麼妳還是要靠自己打拼的。有些人喜歡逃避，於是總是想像生活在別處。似乎只要我離開某個地方，生活就會燦爛。**回家是個讓人安慰興奮的字眼，不過，很多人回家以後發現，日子是一樣難的。沒有本事的人，到哪裡都難混。**

世界上所有的愛都是為了在一起，只有一種愛的目的是為了分離，這種愛就是——母愛。在動物世界裡，每一個母親在孩子該自立的時候都會把它們推出去趕出家門，讓它們獨立生活。目的是讓它們真正地長大成人，開闢自己的生活。

但是做為萬物之靈的人類，能體會到這個意義的「母愛」的母親少而又少。大部分的母親都跟妳的母親一樣，希望子女永遠是子女，不要長大，永遠在她的身邊。什麼叫互相照顧？就是互相依賴，互相牽制，互相控制。

為了「永遠在一起」，這些母親們不會考慮子女長遠的發展前途，甚至不顧子女的婚姻感情幸福，比如會反對他／她跟身在別的城市的對象結婚。當然，做為把妳拴在身邊的反應，她會許諾給妳房啊，車啊，包括可以進個公司啊，甚至幫妳選一個她認為適合妳的男人。至於，這個公司適合妳嗎？有沒有發展，這個男人適合妳嗎？她是想不到的，或者她認為也是無關緊要的，因為在她的世界裡，適合這兩個字是不存在的。比如，一個50年代生母親就對她的80後兒子說：「快樂值幾個錢啊？」因為她一生在跟貧窮搏鬥，錢是第一位的，還顧不上想快樂這件事。

獨女？現在誰不是獨子獨女？將來老了父母需要妳來照顧，這個將來至少還有十五年呢。

我跟我父母在同一個城市，說實話，我也沒能怎麼照顧他們。因為生活方式不同，我們也不能住在一起，也就一週見一次。他們身體還算健康，也有自己的生活樂趣，並不用子女怎麼「照顧」。他們也說，老到不能動了，肯定去住養老院。

相反，我先生的爸媽身體就很差，一個老年抑鬱，一個接近老年癡呆，妳以為我能照顧他們多少？不久的將來一定是去住養老院。獨生時代的父母都要做好自己住養老院的準備，因為子女忙工作忙自己的孩子，根本無力照顧家裡那麼多老人的。

想要日後真正照顧到父母，妳自己必須成為一個強者，而一個強者，必須從離家開始，從經濟上心理上獨立起來。

有個英文歌唱道「一個男孩要走多少路，才能長成一個男人」，其實對一個女人來說又何嘗不是如此呢？一個女孩要走多少路，才能長成一個女人。妳說開始考慮結婚了，要知道結婚是成熟女人才有資格考慮的事，而妳目前的心理成熟度實在距離結婚太遙遠了。**不要以為結婚就是合法同居，結婚是成年人的遊戲，兒童不宜。**

04

如果妳的母親是某種精神病患者

問：誠心向您請教一個困擾我多年的問題，我不知道該和母親如何相處，我們經常吵架，她每次說話都能把我逼瘋，讓我精神幾近崩潰。我們生活在兩個城市，偶爾碰面卻總是以吵架收場。我渴望和家人有和睦的關係，有家庭的溫暖，而母親卻總說人心叵測，說的更是我愛的人，父親，我男友，爺爺家的人，甚至她妹妹，就像我爸說的我媽誰都不愛，她除了自己就只愛我。我同情她，她喜歡四面樹敵，還覺得自己這樣是為了不吃虧。我現在只求她在罵我所愛的人時，我可以不氣憤，能忍得住不和她衝突。

答：如果經過醫生的診斷，妳的母親是某種程度的精神病患者，她的偶爾發作是否還能讓妳精神崩潰？

站在妳母親的立場，我相信她一定是有道理憎恨身邊的每一個人的，她一定過得很辛苦，一定也被別人欺負過，她一定至今也不能從對他人的仇恨中解脫出來，她是不幸的，也是無能的，無力讓自己走出困境。

我以前在文章中談到過她這代人50年代出生，可以說是中國解放後最倒楣最貧窮的一代。

生活對她是多麼艱難，妳是感受不到的。他們這一代人中的很多現在生活在貧困線上，沒有尊嚴，也可以說在精神上是某種精神疾病和心理疾病患者，妳可以簡單理解為她是不正常的。

面對這樣一個只愛妳一個的病人，妳打算怎麼辦？如果妳沒有能力當個好醫生治療她，那麼至少可以當個不反應、有愛心的患者家屬吧，妳不能跟她講道理，也不需要，妳最好陪著她，左耳朵進右耳朵出，當個唐僧在心裡數羊；帶她出去吃點好吃的，買點她喜歡的同時在她心理承受價位的東西給她，讓她高興一點。她是妳媽又是小孩又是個病人，妳只要變化一下看妳媽的角度，連哄帶騙，不再以「媽媽應該是有理性的，應該是讓我尊敬的」來要求她，妳就能心平氣和了。妳需要跟一個病人認真生氣嗎？

在妳自己還沒有修練成功不發怒之前，盡量減少跟她見面。還有個好方法，就是以後妳可以替妳母親實踐一下如何當一個正常的理性的好母親——對，就是等妳結婚生子以後，看妳母親的眼光一定會改變。**當個好母親實在是不容易的事情，妳需要學習很多**。

05 婆媳大戰中的孩子

問：我父母這一代有許多當母親的，在處理婆媳問題、姑嫂問題、原生家庭和新生家庭的矛盾時，都喜歡以自己的孩子做為武器，給孩子灌輸憎恨奶奶、姑姑，或者父系家族的想法，拉攏孩子到自己的「陣營」中……這樣的問題似乎普遍存在於我們每一個人的家庭家族中，大家似乎都覺得司空見慣，甚至順理成章。這樣的問題一般會存在三代同住或者孩子小時候由祖父母撫養的家庭中，也許因為接觸比較密切，所以發生此類問題的可能性也比較大。

我的問題是，在這樣的對立關係中，孩子是否會感到分裂？或者是自相矛盾？如果孩子從小和爺爺奶奶以及父系的親戚在一起生活，關係密切，那麼情感紐帶一定是存在的，或者是很深厚的，但是與此同時，如果母親和父系家族的關係比較糟糕，並且以母愛為由拉攏，威脅，強迫孩子與爺爺奶奶等對立，那麼孩子感覺到的將會是什麼？

做為母親的孩子，一定是深深愛著母親的，無論在這種對立中母親是對的，還是錯的，孩子一定都會從內心給予一些支援和同情，尤其是當母親以母愛為藉口時，孩子為了不成為背叛母親的人，一定會以各種各樣的形式對母親給予一些認同。

但是，問題來了，如果說對母親的支持，有血緣和基因上的原因，反對母親就等於反對自己，那麼，做為這個家族的一份子，和其他家庭成員之間，也是存在血緣和基因上的聯繫的，所以，反對父親的家人，其實也是反對自己，那麼，到底應該反對誰？反對任何一方，都等於是在反對自己。這樣就會感覺到痛苦和分裂，因為似乎只有一半的自己是對的，而另外一半的自己一定是錯的。同時我還有兩個擔憂：

第一，我發現，在這樣的關係中，做為兒子丈夫和父親的關鍵人物，**男人，似乎往往不發揮作用，甚至是沒有任何的做為**，這種不做為和放任自流，甚至隔岸觀火，是否加速了矛盾雙方的對立和惡化？

第二，如果是女孩，因為沒有從母親那裡學習到正確和恰當的婆媳、妯娌相處之道，所以，在她們自己結婚後，是否也很容易重蹈母親的覆轍？如果是男孩，因為沒有從父親那裡學習到協調和周旋的方法，因此，是否也很容易成為下一個沉默者？

如果這樣的關係是不健康的，這樣的做法是錯誤的，為什麼有那麼多母親都在重複這樣的故事，試圖孩子反對自己？

這個問題不但是許多人的，也是我自己的，也許很多人根本還沒有意識到這是個問題，他們甚至為自己充當了母親的保護者而自豪，所以，我有些困惑，提出以上的一些想法，希望能夠得到妳的回覆，謝謝。

答：妳提出了一個非常非常好的問題，儘管從小自己深受這種錯誤的痛苦，為什麼我們（女人和男人）會延續上一代的錯誤模式？那是因為如果我們的學習視野僅僅在自己的家庭中，不努力推開窗從外面的世界學習新的健康的方法，我們就永遠陷在這個大醬缸裡不能脫身。互相牽制，互相依賴，互相折磨。**做子女的沒有獨立判斷是非的能力，只是站隊伍，站在奶奶或者媽媽那一方。**

所以，妳需要學習一套新的行為方法，搞清楚妳跟家人的心理界限在哪裡。

06 有自己房間的女人不需要回娘家認錯

有個二十七歲的網友來信說，父母粗暴干涉她跟男朋友的交往，她不希望我把她的情況放到部落格上，我把我的回覆放在這裡——

妳早就該搬出來了，不管是不是有男朋友，自立門戶，是一個二十七歲成年女人的象徵。記得女作家佛吉尼亞．沃爾夫說過，**女人一定要有一間自己的房間——也就是說要有獨立的經濟能力**。

如果妳以為妳是父母的潤滑劑，妳父母如果沒有妳就會離婚，那妳更應該搬出來了，讓他們離婚吧，早點結束彼此的折磨。但是我跟妳打賭，他們死都不會離婚的，不是因為妳，是因為他們無能，這就是妳父母那代人的悲劇，彼此恨得跟什麼似的，就是離開了活不下去。妳母親威脅「把妳打殘啦」，絕食啦，都是這種父母經常上演的戲碼，我跟妳打百分百的賭，他們真餓了會吃的，我們賭多少？一百元？

但是，不見得妳今天對妳男朋友的判斷是正確的，還好妳自己也說目前只是戀愛，不馬上指向婚姻。如果發現了他不是妳今天以為的樣子，隨時可以結束。結束的時候，一個自立的女人有自己的錢，自己的房間，是不需要回娘家認錯的。

一個成年人的第一條就是要負責任，首先為自己負責，為自己的一切行為決定負責，自己做決定，自己承擔由此而來的一切後果，發現錯了，自己糾正。

07 割斷臍帶做大人

我和上海SALSA舞教父劉忠創辦的戀愛訓練營，旨在幫助單身男女提高愛商（LQ）（註13），學習跟異性交往的能力，用SALSA PARTY當社交平臺，讓他們在實踐中鍛鍊自己找愛的本領。有個主題講座就是「婚戀問題上如何管理父母」，**父母是需要管理的，前提是妳自己得是個有主見的堅定的人。**對於父母干涉妳的戀愛婚姻，我對年輕人宣導的方法是——非暴力不合作抵抗運動。哈，妳要笑了，對，來自當年印度領導民主獨立運動的聖雄甘地。

80後的父母們50年代生，跟現在的社會早就脫節了。他們那一套老黃曆，在職場上婚姻戀愛上都幫不到你們了。他們老了，觀念難改變。**年輕一代要自強自立自學成材，不要動不動就「我媽說」**。

有一個問題80後現在還沒意識到：他們的50年代生父母正在衰老，他們退休後感覺無聊自己無用，對子女的依賴性增強，表現形式就是干涉妳的一切。比如要妳早點生孩子，讓他們有點事情做。

很多單身女的父母告訴她：第一，婚姻是沒有幸福可言的；第二，妳一定要結婚，不結婚就是不正常，父母會沒面子。這樣神經病的邏輯妳聽得懂嗎？

妳媽那輩人早就跟今天的社會脫節了，他們完全看不懂現在的年輕男女了。過去三十年社會上發生了翻天覆地的變化，妳媽那輩的老黃曆今天在職場上在婚姻戀愛上都不能指導妳了！年輕人要自學成材。我很討厭《金婚》這類電視劇，不重婚姻品質只重視在一起多少年。

註13：愛商LQ，Love Quotient的縮寫，就是愛心商數，是衡量人們參與救助災害、救濟貧困、扶助殘疾人等困難的社會群體和個人等公益愛心活動的重要指標。愛商的另一種解釋是指愛的商數或者愛的智慧。這是全球最先進的一門科學，也是研究愛最先進的方法。最早由美國心理學家提出來，接著在歐洲乃至全世界開始流行。做為對智商、情商、財商的重要補充，愛商亦是當代社會精英在追求幸福的奮鬥過程中，一份不可缺少的重要能力。

【麻辣情醫告誡妳】如何管理妳的「難搞」父母

01 我們必須懂得什麼是我們的責任，什麼不是我們的責任；我們必須有智慧去分辨，什麼是我們應該做的，什麼是不應該的。可以和他人感情很親密，卻仍擁有「自我感＋跟人分開」的自由。

02 用親情來「綁架」家庭成員的人，其本質是不想為自己的生活負責任的人。因此，妳需要克服兩道心理上的坎兒：一是不要害怕當「壞人」。二是不要害怕與家人意見不一，失去他們的愛。

03 人與人之間良好的關係，必須建立在彼此可以自由地拒絕對方，坦然面對衝突這個基礎上。

04 我們不需要「孝順」父母，我們需要愛他們、尊重他們、關心他們。

05 人活著，就是不斷地選擇。有的人就是這樣，明明是自己不要的一樣東西，可是沒有替補心裡就不平衡，一個人就過不下去，屬於寧濫不能缺型。

06 回家是個讓人安慰與奮的字眼，不過，很多人回家以後發現，日子是一樣難的。沒有本事的人，到哪裡都難混。

07想要日後真正照顧到父母，妳自己必須成為一個強者，而一個強者，必須從離家開始，從經濟上心理上獨立起來。

08面對這樣一個只愛你一個的病人，你打算怎麼辦？如果你沒有能力當個好醫生治療她，那麼至少可以當個不反應、有愛心的患者家屬吧。

09女人一定要有一間自己的房間——也就是說要有獨立的經濟能力。

10一個成年人的第一條就是要負責任，首先為自己負責，為自己的一切行為決定負責，自己做決定，自己承擔由此而來的一切後果，發現錯了，自己糾正。

11父母是需要管理的，前提是你自己得是個有主見的堅定的人。年輕一代要自強自立自學成材，不要動不動就「我媽說」。

第六章　愛情麵包我都要

裸婚時代，丈母娘剛性需求催升房價，女學館教授如何嫁給有錢人，婚姻法新規把房產證寫誰的名字推到了焦點……都是錢惹的禍。要愛情還是要麵包，是個老問題，愛情和麵包，真的勢不兩立妳死我活嗎？

愛情和麵包，都只能跟男人要嗎？

1
我想找一個富有、
忠誠、帥氣和有背景的老公……
2
我想過安逸的生活，不想做女強人……
3
妳們以為結婚是天堂嗎？
還是以為老公是聖誕老人或上帝呢？
4
……

01 多少錢值得委屈感情？

某網友說：臺灣的郭台銘，娶個有基礎的老婆加上他的奮鬥，才有現在的高度，缺一不可呀！不然，多少跟他一樣努力的人中怎麼出名的只有他？女的依附男人幾千年了，現在都說男女平等，男人依附女人怎麼不可以？價值觀不要不投合哦。何況，又沒說就不奮鬥了……文中男子至少不是光想吃女人飯，他是準備自己努力的呀。

兩利相權取其重，如果男孩覺得此生名利比較重要，那就選個高起點，但感情上委屈些，其實也說不上多委屈吧？女方有貌又笨些，不正是男人夢想嗎？如果覺得此生為情而生，那就別指望指點江山。哪種生活都值得過，都有樂趣和遺憾。**不是超人，那就一步步選對自己夢想有利的**。其實除了進入門檻低，人人都有機會外，感情真的只是生活百味中的一味而已，對男人尤其如此。

回覆：聽你的口氣，你應該是個男人，可是看了你的言論，又覺得不是個男人，至少不像個有過感情經歷的男人。不然不至於說：「女方有貌又笨，不正是男人的夢想嗎？」

我不認識郭台銘，也不知道當時他跟太太感情好不好。請注意，我不是說錢不好，我是說君子愛財取之有道，你跟一個有錢的男人女人愛上了結婚了，當然是好事；但是，你如果壓根就不愛不喜歡連跟他（她）上床都困難，就是為了他／她的錢，一來這婚姻長不了，二來你屬於坑蒙拐騙。蒙的是對方，坑的是自己。而且，不要侮辱有錢人的智商，以為你那點小陰謀人家不知道。你的「缺一不可論」站不住腳啊，難道全球億萬富豪排行榜上的那些男人都有一位有錢的老丈人？

「從來不覺得為感情生活就比為名利生活更高尚更偉大」，看來你既沒有感情生活也沒有名利生活，才會說出這種非黑即白的話。感情生活難道跟名利生活是對立的嗎？是水火不相容的嗎？你想擁有名利一定要犧牲感情？多少錢值得你委屈感情呢？多少錢值得你接受一個沒有感情的婚姻？沒有感情的婚姻有多折磨人，你能想像得出來嗎？你是想把有錢老婆討進門，把她的錢搶過來，然後對她就基本不用，晾在一邊，自己外邊找喜歡的女人？大概不用我說什麼，讀者就會說做大頭夢。

我在美國上學的時候，有位教法律的教授某次跟我們講對「錢」的看法，律師是每天都幫著客戶琢磨錢的角色，但是教授對錢顯然有更高級的看法。他問有多少錢可以讓你忍受肉體上、精神上的痛苦。比如，一桶開水，給你多少錢，你願意冒著被燙傷的危險把手伸進去？比如，給你多少錢，你願意跟一個毫無感情的人結婚，同時又要忠實於他（她）？我的回答都是NO。

無論男人女人，無論貧富，追求幸福婚姻家庭是人類的共同追求，賺錢為了什麼？從小處來講，不就是為了生活得快樂幸福嗎？不就是為了家庭富裕家人和諧嗎？我們難道需要為了錢去丟棄快樂幸福，去忍受一個不幸福的婚姻？這不是本末倒置嗎？

02 有房有車不是生活的終點

問：我大四認識了現在的男友，那時他已經工作。我們不在同一個城市，距離很遠。認識他之前我沒有談過戀愛，他說我是個小孩，太單純太善良。我卻覺得只要我愛我願意付出。他說跟他在一起會很苦，問我能堅持嗎，我說只要愛一定能。

家裡人對他本人沒有太大意見，只是覺得他家庭條件不好怕我以後受苦。愛上他的時候我並不在乎這些，我覺得這些東西遠遠比不上一份真正的愛情。我放棄了考研究所，想早點工作賺錢，這樣我們就能早點在一起。找工作的時候我放棄了很多機會就想找一個有寒暑假的工作能去看他。可是他的工作一直是我們的困擾，我家人想幫他調到我所在的城市，沒辦成。我們的感情就在這些現實問題中變得很脆弱了。他說他能給我一個未來，可是我看不到一點希望。我覺得我也變了，虛榮了。我也會羨慕那些有房有車的女孩，也會任性和他發脾氣，可是他從不計較。

現在的生活挺累的，家裡人總是問我還是不是要跟他在一起，我總是沉默。看哥哥姐姐都結婚了，都是有房有車不用為現實問題擔心。我不知道我是要堅守這份感情還是趁早放棄，我怕這份感情最終被現實折磨到死，我也怕現在離開他讓他難過，自己也真軟弱，每天都掉淚，可是不願對別人講。您能給我點建議嗎？

答：如果你們是在同一個城市，如果你們兩個的收入都可以在你們的城市衣食無憂，是不是就一切OK了？是不是你們現在就可以結婚了，有房有車，從此以後過著無須為現實生活操心的日子？有房有車是不是這就是生活的終點？是不是此生就可以不再有波折、不再有風險、你們的感情也就可以從一而終、白頭到老？

如果妳有興趣去問問那些有房有車的女孩，她們還有沒有痛苦和憂傷，我相信一定有。如果妳有興趣去跟妳有房有車的哥哥姐姐們問一下，他們的夫妻感情是否很好，是否沒有遺憾，我相信一定有，他們一定還有很多為現實擔心的問題，很多很多。我也有房有車，那又怎麼樣呢？一樣要面對很多很多困難，一樣要忍受我不想忍受的人和事。

什麼是生活？生活就是一個難題接著一個難題，活著就是勇敢地面對這些難題，一個個去解決，直到生命的終結。妳是個剛從大學出社會的學生，自然是一窮二白，所以妳會覺得一窮二白這個難題比天還大；等妳到了中年了，比天還大的問題就是中年危機，就是長期婚姻的乏味疏離，離婚；就是我現在的上有老下有小的困難；等妳到了老年了，妳會面臨子女離去的孤獨無聊，像我母親現在一樣；就像我的公公婆婆一樣患得了腦梗老年抑鬱症；有的老人面臨老伴的離世……所以，如果妳現在碰到這些困難就想流淚，那妳一輩子都有流不完的淚。**流淚是OK的，不過流完了，該做的還是做的。**

只要有愛情，兩個人就可以在一起，就什麼都不用考慮——這才是殺死愛情的兇手，而不是困難本身。**沒有一顆強大的心臟，沒有自己安身立命的經濟基礎，愛情是不堪一擊的**。戀愛和結婚有什麼不一樣？是不是到了法律的結婚年齡就等於妳的心智也到了可以結婚的年齡？不，不，不。妳還完全沒到，正如妳男朋友所說，妳還是個小孩，很單純——用另一種解釋就是很無知，妳還需要相當長的一段時間讓自己成長成為一個真正的成年人，中國人長大難成人的實在是太多了。

自己還沒拿定主意之前，不要把男朋友帶給家人看。我常說，**不到要談婚禮地點的階段，都沒有必要讓父母看，他們不能幫妳拿主意，只會把妳搞亂**。妳也沒有必要嚇他們，帶男朋友回家在他們的年代是很嚴重的事情，會以為你們就是要結婚了。妳還差得遠呢。一個孩子，怎麼能結婚呢？

心理學有個名詞叫「心理坑洞」，房子車子是這個社會或者當事人個人經歷所造成的心理坑洞的填充物。選擇擁有車子和房子的女朋友或者男朋友填補了心理上的需要，但是人的心理還有其他未知的需求，這些需求決定了人們需要不斷尋找那個能讓他在心裡上覺得完整和富足的東西。我提到的「愛」，無論是大愛還是小愛，都是做為一個人幸福生活的必要條件。何況我們在談的是婚姻，不是做生意。**婚姻最基本的基礎是愛，建立在愛之上的利益和性使愛情和婚姻更精彩；建立在利益上的愛和性是相對脆弱的**。

03 為什麼要把錢和感情對立？

問：我是80後，我媽是50年代生。她有一個觀點：沒錢有感情，感情會被消磨掉；有錢沒感情，感情可以被培養。我不贊同，她說，那妳可以用一輩子去實踐。還好，她還是給我機會去實踐的，希望不是我以失敗告終。妳的看法呢？

答：妳媽這輩子的實踐得出的結論是「沒錢有感情，感情會被消磨掉」，因為他們那代50年代生大部分都沒錢，現在處境艱難，失業低收入的多。「有錢沒感情，感情可以被培養」是她的想像，我想她不認識任何一個有錢人，更談不上跟有錢人有戀愛經驗。

但是你們有一點相同，你們都把錢和感情對立起來，好像兩者不共戴天，非此即彼。為什麼不會有錢也有感情呢？而且這個錢，為什麼單指男人的錢呢？如果是女人有錢呢，就不能過嗎？說到底，還是中國人窮太久了，哪怕是手裡有錢心裡也是個窮人，窮人心態。**真的碰上一個超有錢的男人，妳敢要嗎？很多女人是不敢要的，自卑、害怕、不安全，駕馭不住有錢男人，當窮人心態的人碰上富人時，是超沒自信的。**

我欣賞三毛的一句話：如果不愛，百萬富翁也不要；如果愛，千萬富翁也敢要。與妳共勉，祝妳實踐愉快。

04 幸福是滿足慾望嗎？

一位年輕的女孩B跟一個陌生的男網友A就什麼是幸福和價值觀的問題，有以下一段網路上的對話，很有意思：

A：**幸福是什麼？我認為是慾望的滿足**。考上了好的大學，娶到了如願的妻子，找到了稱心的工作。進晉，上位。發財，購房。**幸福就是由這些一個一個的小慾望得到不停的滿足而感受到的**。

B：我不這樣認為，如果是慾望的滿足，那人永遠也得不到幸福，因為人的慾望是無止境的。真正幸福的人一定是將慾望拋開，心裡非常平靜的人。雖然我不想打擊你，但你的這個定義在我看來是比較狹隘的，儘管符合大眾標準，反映了許多年輕人對「幸福」缺乏思考的追求。這只是一種單調的生活模式，並沒有個人價值的展現。

A：個人價值？但現在價值是直接用價格來展現的！月收入，年收入，有幾套房，有什麼好車！

B：身價與金錢確實是大眾的價值觀，但是你完全可以脫離這種未必正確的狹隘的價值觀，尋找到真正讓你內心安寧的價值觀和方向。事實上，在很多其他國家，未必都是這樣用收入房子車子來展現個人價值的，很多沒有這些的人都得到世人的尊重和敬仰。

A：現在就是要弄明白，哪個最可取？換不來錢的才能還是才能嗎？有這種才能又有什麼價值呢？即便有，價格不高，又是否是真正的實現呢？

B：雖然我不認識你，但是我依然為你感到痛心，一個把所有的價值都和金錢掛鉤的人是可悲的。才能的價值不在於換來金錢，在於這種才能創造出對社會和他人有用的東西，可能是一種工具，一種思想，一種技術，甚至是一句有哲理的話，一張照片，一幅畫，一個笑話，不出售但仍然是有價值的。

A：關鍵是我們生活在一個非妳所說的環境裡面呀，我真心希望文化部部長是妳，把扭曲了的價值觀給轉回來，讓國人都樹立正確的價值觀！

B：不要把改變自己的任務放在別人身上，也不要把責任都歸咎於外界環境，每個人的命運都由自己掌握，自己幫自己樹立正確的價值觀，每個人是自己的文化部部長。

然後我（對話中的B）就沒有再回覆他了，我覺得不可能說服他。我知道大多數人可能都抱著和他一樣的想法，在現實的主流價值觀裡身不由己地隨波逐流，但是我仍然覺得這樣的價值觀是有問題的。我不知道您是否同意我，我不是什麼有影響力的人，但是我真的覺得大多數人都活得那麼狹隘是件很可悲的事情。

A：推薦妳看一本書《遇見未知的自己》，也許妳已經看過了，是一部身心靈小說。作者是臺灣前新聞主播張德芬，現在她居住在北京，主持一個身心靈工作室，旨在傳播幸福的生活。**什麼是幸福？什麼是生活的目的和意義？目的和意義有不同嗎？很多人以為是一樣的。**

昨天在中國南方航空公司的飛機上，驚喜發現居然椅背上有小電視看，更驚喜的是有《暮光之城》。看到貝拉為了愛德華能活命，對厄洛說：Kill me, don't kill him. 身為吸血鬼貴族的厄洛驚訝地問她，妳願意為了一個吸血鬼，沒有靈魂的怪物，犧牲妳自己的生命嗎？貝拉說，妳根本不懂他的靈魂。

看到上面的那段對話，我在想其中的年輕人A是否看過《暮光之城》，我知道這個電影在年輕人中很熱門，他會不會撇嘴說：「那有什麼價值，那值幾個錢呢」？

很高興看到，有年輕人如前輩一樣在追尋同樣的問題「幸福是什麼」。這是活著做為一個人，終身需要考慮的問題。

上面那段對話中的A，如果某天他的慾望完全實現，他會是個什麼人呢？如果他做官了，他會是個貪官；如果他結婚了，他一定不會是個忠誠愛妻子的丈夫……因為，他的慾望就是為了他自己要MORE AND MORE AND MORE！他從來不會為他人考慮。如果他有權有勢，他將是最大的禍害，他會不擇手段，是老百姓最痛恨的人。

05

結婚不是上天堂

問：我現在面臨職業的兩難選擇，我今年剛畢業，現在所在的是全國行業內排名第一的公司，剛過了試用期，工作情況還行，平時工作瑣碎，我是三流大學的畢業生，家裡不富裕也沒有背景，能進這家公司也屬很幸運了，現在另一家小公司的負責人想挖我，待遇比現在略高幾百塊錢，小公司剛起步，缺人，其負責人能力很強，不過接的案子都在外地，我過去會很辛苦，不過學的東西也多，可以全程參與做專案，這是在大公司五年內都不可能辦到的事，我與家人朋友商量，所有人都勸我，說女生要過安逸的生活，過幾年找個人嫁了生個小孩，比什麼都好，不要讓自己太累，朋友都說我的性格較溫順，是賢妻良母型，比較適合居家過日子，不適合做女強人；其實我只是想，現在還年輕，即使失敗了，還有重頭來過的機會，而且我確實希望能做出點成績，也希望有一天可以有能力出國、深造或是進行短期學習，也希望能讓自己和父母物質上富裕些；當然在大公司也可以做出成績，所以很矛盾，我也擔心一旦離開這樣的大企業，以後很難有機會再進來了。

答：我很想回覆妳的信。首先問一句，三流大學的學生都是寫字一逗到底，只到最後才用句號的嗎？

其實妳提了兩個問題：第一，一個剛出校門的職場新人，是選擇大公司好還是小公司好？第二，女人是嫁人過安逸的生活好，還是成為職場強人？第一個問題對男生女生都一樣，沒有性別之分，而妳把這兩個問題混淆了，一混就讓自己更亂了。

先回答第一個問題：剛過了試用期，那麼就是工作了三～六個月？一個職場新人的工作內容，如果不瑣碎，還能是什麼？在很多五百強的外國大公司裡，即使是管理培訓生，第一年的工作也常常是「影帝影后簽字帝后」（替老闆複印等簽字的助理）。大公司的好處在哪裡？大公司是靠什麼在運作的？妳所在的公司為什麼能做到全國第一？在大公司能做出什麼樣的成績，五年內能到哪裡，十年後能到哪裡？我相信妳都還是一頭霧水。好不容易進來了，短短幾個月就想出去了？為什麼？不會就為了「待遇比現在略高幾百塊錢」吧？

那個小公司的負責人為什麼要挖妳？對一個上班才幾個月的新人，需要用「挖」嗎？難道是妳在大公司幾個月就掌握了某種獨門暗技，對那個小公司非常重要？我不是說小公司去不得，而是妳自己到底有沒有明確的職業規劃？貌似沒有，只是在那裡患得患失，一會覺得大的好一會覺得小的好，而大跟小到底各有什麼好，妳也不清楚。妳說的那些關於大公司小公司的好壞無非是道聽塗說，自己並沒有什麼切身感受。

再回答第二問題：妳自稱「家裡不富裕也沒有背景」，那麼如果一切正常，妳未來能找到的老公也基本上是「家裡不富裕也沒有背景」（當然妳有1％的可能找到富有＋忠誠＋帥氣＋

有背景的老公）。這樣的婚姻組合，妳以為妳能過上什麼安逸的生活？看看你們公司那些已婚有孩子的女同事吧（我本人也是），不都是又要上班又要養孩子、料理家務、照料老人很辛苦的嗎？**不是女強人也被迫成了女強人了**。妳這個年齡的女孩很容易把結婚想像成天堂，把老公想像成聖誕老公或者上帝，能量超大要什麼給什麼，而女人就可以躺著享福了。妳的母親躺著享福了嗎？

不論妳想做出成績出國，還是想結婚生子當個賢妻良母，都是痛著並快樂著的辛苦萬分的事情，這就是生活，這跟大公司小公司什麼關係都沒有。

06 婚前必問的十五個問題

如今十幾歲的高中生都會談戀愛，80後把閃電結婚當時髦，離婚率迅猛攀升，急急忙忙結婚，急急忙忙離婚。愛情和婚姻有什麼區別？戀愛到什麼程度才可以結婚，美國的《紐約時報》上曾經登過婚姻戀愛專家提出的《婚前必問的十五個問題》：

第一，我們的賺錢能力及目標是什麼？消費觀及儲蓄觀會不會發生衝突？

第二，我們的家庭如何維持？由誰來掌握可能出現的風險？

第三，我們有沒有詳盡地交換過雙方的疾病史？包括精神上的。

第四，我們父母的態度有沒有達到我們的預期？會不會給足夠的祝福？如果沒有，我們如何面對？

第五，我們能不能看重並尊敬對方的父母？我們有沒有考慮到父母可能會干涉我們的關係？

第六，我的家族最讓你心煩的事情是什麼？

第七，我們有沒有自然、坦誠地說出自己的性需求、性的偏好及恐懼？

第八，臥室能放電視機嗎？（生活習慣有沒有重大的衝突）

第九，我們真的能傾聽對方訴說，並公平對待對方的想法和抱怨嗎？

第十，我們要不要孩子？如果要，主要由誰負責？討論過孩子將來的教育模式嗎？

第十一，我們清晰地瞭解對方的精神需求及信仰嗎？

第十二，我們喜歡並尊重對方的朋友嗎？

第十三，我們永遠不會因為婚姻放棄的東西是什麼？

第十四，如果我們當中的一人需要離開其家族所在地陪同另一人到外地工作，做得到嗎？

第十五，我們是不是充滿信心面對任何挑戰，使婚姻一直往前走？

鑑於中國特色，我增加一個附加題：權狀上寫誰的名字？

以上這十六個問題，妳跟男友討論過嗎？有共識嗎？**如果有三個以上的問題都沒有共識，那麼你們就不配結婚，你們還沒有為婚姻做好準備。**

你們在第一階段就卡住走不下去了，卻沒有看到你們不合適的問題所在，還以為只是少了一套結婚用的房子。有了房子就是有了好的生活嗎？什麼是好的生活？好生活是男人提供給妳的嗎？妳對你們的好生活負有什麼樣的責任呢？還是，是個女人就應該坐享男人送上來的好生活？他是不成熟，妳就成熟了嗎？

常有媒體問我對裸婚（註14）的看法，我說十幾年前我們那代人都是裸婚的，沒房沒車，也沒覺得不能過啊。**婚後夫妻一起建設家庭，不像現在風行的什麼都要現成的。愛情和婚姻有什麼區別？最大的不同：愛情只需要荷爾蒙，婚姻需要充滿信心地面對任何挑戰，使婚姻一直往前走。**

註14：裸婚是中國一個2008年出現的詞彙，意思是只領結婚證書，不辦婚禮、不擺婚宴、不拍婚紗照、不度蜜月的結婚方式。裸婚的原因通常是經濟基礎不夠，或是工作太忙沒有時間等。初入大城市的年輕80後白領們在還沒有經濟實力買房、買車、買鑽戒的情況下，這種不辦婚禮、不拍婚紗照、不度蜜月的「裸婚」在各大中型城市開始流行。

07 錢能帶給女人自由嗎？

某期中國浙江衛視《婚姻保衛戰》播出的兩位女嘉賓形成了非常有趣的對比：成都來的石翼，三十四歲，高學歷，事業女強人，有三個公司一個工廠。深圳來的田芳芳，二十七歲，中學學歷，從內地到深圳，沒工作，二十歲出頭就結婚當了全職太太。離婚後經濟拮据，完全不同的社會階層，但對男人的要求都一樣——要比她們強（事業要強）。

田芳芳牽手成功，石翼如我所料誰都看不上，當然男嘉賓也都看不上她。在節目中她一直在跟男嘉賓和我們這三個旁觀者據理力爭——在前一段婚姻中她沒有錯，都是他的錯。她舉例，她低三下四請前夫陪她去看話劇，他居然在看的時候睡著了。她認為看話劇是件高級的事情，而他迷戀網路遊戲是不對的。

比田芳芳優秀的男人很多，能當她的長期飯票的男人也很多，因為她自己一無所有；而石翼自己都給那麼多人發工資了，婚姻對她來說，什麼元素最重要？是錢嗎？她說她年收入一百多萬，比她強的男人要三百多萬。不如她錢多的男人就不優秀嗎？因為所處的行業體制不同，上海一個國營醫院的三十多歲的醫生，如果不靠紅包和醫藥公司的回扣，月收入就幾千元。他就不優秀嗎？一個三十多歲的心理諮商師在上海，一萬多的收入已經算不錯了，他就不如石翼優秀嗎？一個哈佛的教授也許都不如石翼錢多，他就不優秀嗎？

金錢的絕對數值成為現在許多人衡量人的唯一標準，先富起來的一小部分女人擁有了財富，思維卻跟貧窮的女人一樣。她們認為一旦找了比自己錢少的男人就是吃虧了，就是「包養」了小白臉。

我前幾天隨手寫的一條微網誌被轉發了很多次：有人問我，單單從硬條件上來說，不考慮什麼性格價值觀什麼的，什麼樣的女人最容易嫁？答：在中國，二十六歲，大專學歷，月入三千元（人民幣），長相八十分。因為比這樣的女人優秀的男人很多，收入是她的三倍的男人很多。如果妳月入三萬元，還要求男人是妳的三倍，而且妳三十二歲，去死吧。**親愛的，婚姻更適合窮人**。

最近碰到十幾年沒見的女友，外資企業的高層主管四十幾歲（貌似三十幾歲）單身有男友，關係穩定年齡相當收入比她少。十幾年前她為找男人很絕望，要求很高，一定要找比她優秀的男人（地位高、收入高、性格好、對她好）。現在放下了，不把結婚生子當作人生圓滿的必要因素，因為她對結婚的要求還是很高。沒婚姻有相愛的人也很好，如果能相伴到五十歲決定死後有必要埋在一起，再去辦結婚證。

錢能幫助女人什麼？錢能幫助女人自由！能讓妳選擇結婚或者不結婚，能讓妳充分按照自己想要的方式生活。經濟基礎決定上層建築，富有的女人在婚姻兩性上的思考角度，需要全面更新。都說愛情是奢侈品，窮人享受不起。那麼富有的女人們，妳值得也有能力享受啊。

08 裸婚時代

一個年輕人跟我說如果沒有父母反對，他的婚姻就會很幸福很順利。我說，你錯了，父母反對只是你們會遇到的困難之一，婚姻路上還有很多很多困難等著你們。那個神奇的被稱作婚禮的大Party結束之後，困難就來了，頭四年還好，接下去的十幾年最難。**年輕人通常只想美妙的開頭和老了攜手走夕陽，不想最難的過程。**

年輕人計畫跟女友結婚，他自己認為跟女朋友已經很好了。他問我，我們可以結婚了嗎？我問了他兩個問題：

第一，你們的感情深到什麼程度？你確定要跟她生活一輩子，一直到死嗎？

第二，你們做過財務計畫嗎？達到共識嗎？能維持生活品質嗎？

正在談婚論嫁的80後，請認真回答這兩個問題。如果不能給出堅定的答案，建議你們不要貿然結婚。不然結了也是個離。有網友問我對最近熱播的大陸電視劇《裸婚時代》的看法，看了故事介紹，看了在網路上竄紅的男主角求婚臺詞，都是喊口號的狗血屁話：「我沒房沒車沒鑽戒，但是有顆陪妳到老的心，等妳老了，我背著妳，給妳當拐杖，等妳沒牙了，我就嚼碎了再餵給妳吃，我一定等妳死了以後我再死……」說的都是老了死了以後的事，那時對妳好容易啊，中間最難的那二十年怎麼過？

很多評論文章說《裸婚時代》是「細節打敗了愛情」，「愛情輸給了物質」，都是因為沒有錢，好像如果有錢了他們就不會不好了。我的看法不同，男女主角的婚姻先天不足：

第一，太年輕，青梅竹馬的愛情延續下來，沒有感情挫折的經驗，抗打擊能力差；

第二，戀愛內容就是在一起吃喝玩樂，碰到問題就馬上無能；

第三，奉子成婚，根本還沒有成熟到可以結婚的心態，只是因為有了孩子匆匆結婚，給婚姻埋下了失敗的伏筆；

第四，沒有財務規劃，從浪漫戀愛一下子跌入實際的困難重重的生活，難以適應；

第五，跟老人一起住，不善於處理人際關係，小矛盾變大矛盾；

第六，男主角的女同事插足，外界誘惑；

第七，兩個人的婚姻搞成兩個大家庭的混戰。

兩個年輕幼稚的小情侶，昏頭昏腦沒有準備好就奉子「被結婚」，婚姻破裂是順理成章的事情。錢是一個因素，但不是主要的因素，如果他們兩是富二代，這樣的心智水準，一樣完蛋。

婚姻本來就是很難的，婚姻的頭四年最容易，接下來的十五年最艱難，你和他（她）都在事業上升期工作繁忙，孩子出生，父母干涉，父母年紀大了需要照顧，小孩教育，性生活不和諧，中年危機，審美疲勞，外界誘惑，你和他（她）都還各有資本可以選擇他人……再以後的二十年婚姻相對容易，因為都老了，沒資本折騰了。

什麼時候才能結婚？你跟對方充分地瞭解並接受真實的對方（最難看、最討厭、情緒最差的時候），你們有信心克服一切困難一直走下去。如果僅僅是房子有了，好像也談了一兩年了，父母也見過了，年齡到了，那麼離婚的可能性是很大的。如今離婚可比結婚容易。

09 婚姻法新規下女人的生存之道

跟幾位財經記者聊最近的婚姻法解釋條例，個人婚前的房產如果不加上配偶的名字婚後不會是夫妻共同財產，大概是離婚時針對房產的糾紛太多法院判不過來。還有一條，父母贈予子女的房產，屬於個人財產，不屬於夫妻共同財產。

如果此條例通過，我預計有更多的女人自己會買房，或者父母幫女兒買房，而不是只指望結婚男人買房。自己有房的女人能更從容應對婚姻。同時，我也預計會有更多的準新人，在房子問題上撕破臉分手。丈母娘的「剛性需求」會遭遇空前的挫折，原來她們想的是女兒一分錢也不出，但是房產證上必須寫上女兒的名字，她們認為這個是天理，男人認為這是「強盜邏輯」。新條例會讓這部分「強盜」落空。

有人說，如果這樣還結什麼婚，確實，很多衝著房子去的婚姻會終結。對感情和美的夫妻來說，新條例不會有什麼大影響。

我一直鼓勵身邊的年輕女孩，要有自己一間獨立的房間，哪怕是租的也要。**真正的單身女人，不是跟父母一起住，受他們照顧的**。把買房子跟結婚分開，這是兩件事情。

女孩子自己錢不夠，跟父母合賣或者借錢，以後讓父母去住遠的房子，自己住在父母老房子離上班近，也是一種方法。**女人越來越獨立，在婚姻大事上就會越來越從容不迫，她喜歡的**

男人有沒有房子，有多大房子都不是問題。當然，不結婚的女人也會越來越多。有人問我中國離婚率為什麼那麼高？我說，不算高啊，跟歐美日本比都不算高，我倒覺得是結婚率太高了，看看妳周圍，四十歲的人有幾個從來沒結婚過？

有人說婚前財產公證，現在又推這種條例，不都是為了離婚方便嗎？結婚的時候就想著離婚會怎麼樣，感情何在，他們表示非常憤怒。我不這麼看，**婚姻本來就是一種經濟合約，當然有利益的成分**。每對夫妻對此的選擇理解不同。愛情可以完全不功利，婚姻很難，如果完全不功利，相愛就一起住著，那要去拿那張證書做什麼呢？

戀愛結婚不單是兩個人的事情，也是兩個家庭的事情，但是實際上還是兩個人的事情，甚至就是一個人的事情。猛聽上去像是繞口令，大概一些沒有切身體會的年輕人聽不懂。

我的理解如下：戀愛結婚的兩個人來自各自的原生家庭，價值觀、生活方式不可避免地受到父母的影響，但是，這並不是說父母可以插手干涉兒女的戀愛婚姻，當兒女的要分清楚自己的小家跟父母家的界限，維護自己的自由意志；**戀愛是一個人生活的一面鏡子，妳自己的生活狀態好，戀愛才會好，自己單身時活得快樂，懂得求快樂，變成兩個人後才會快樂，不要希望結婚是拯救，把妳從苦海無邊中救出來**。誰是適合妳的人，在妳自己不同的發展階段，答案是不同的，所以是妳一個人的事情。先要有強大的自我，才能有幸福和諧的「我們」。

看到另一句有意思的關於婚姻的話：**結婚不是1＋1＝2，是0.5＋0.5＝1；婚姻生活必定向其中比較平庸的一方傾斜**。意思是結婚的雙方都要妥協，修正自己的對人對事的方式，才有可能一起生活。妥協的底線在哪裡？我要改變多少去適應對方？每個人的答案不同。

事業是評判男人唯一尺度嗎？

問：我不贊成把事業做為評判一個男人價值的最重要尺度，但是前提是女人自己有能力養活自己，滿足自己對生活品質的要求。他可以是個幽默有趣的人，生性懶散，只要他在我眼裡是可愛的，同時他也愛我，對我來說他就是最可愛最有價值的人！

答：非常贊成妳的觀點！如果妳言行一致，那可真是個百分百的大女人，妳對男人的價值取向，跟男人對女人的價值取向是一樣的，男人選女人時，不會把事業當作評價的最重要尺度，最重要的是這女人的性情和外貌。但是，能如妳所說所做的女人，可真不是一般人啊。大多數女人都達不到這個境界，事業及他帶來的金錢地位權力名聲，依然是女人評判男人最重要的尺度。

我有個貌似大女人的女朋友，抱怨老公競爭能力不強，我笑她大女人做得不徹底。她的競爭能力是太強了，沒辦法，上帝給妳點什麼，一定要拿走點什麼。她以前有個競爭能力很強的老公，離了，現在這個人很好，就是競爭能力不強。我跟她說，認命吧，妳就配能力不強的，一山難容二虎。

有人又要問我自己的評判男人價值尺度是什麼，對老公，他對事業的熱愛和追求（不等於賺大錢）是我評判的重要尺度，要不然他的精神世界是一片荒涼，而且憑什麼安身立命呢？我可不養男人。如果對男朋友，那就簡單了，只要我喜歡他就行了。他的事業如何不關我的事。

11 吃飯的錢他付，鑽石自己買

做為心理諮商師，我平時也給企業提供消費者心理研究，特別是女性產品。最近給一國際品牌講「中國女性浪漫觀」，他們的產品是給女人喝的保健飲品，走大眾市場，廣告主題是「浪漫」。電視廣告播出後，效果很不好，我看了就樂了：一個看上去三十幾歲的高級OL，跟一個明顯比她年輕很多的帥哥在床上纏綿，演員用的都是老外。

對中國大眾市場來說，這怎麼行呢？我們的浪漫觀跟西方差別太大了。我給老外們唱了一首歌「我能想到最浪漫的事，就是和妳一起慢慢變老……」客戶方的中國女性職員跟我一起大合唱，深入人心的歌啊。

我們真的不是很浪漫的民族，中國人是以結果來論價值的，跟戀人分手叫戀愛失敗，離婚叫婚姻失敗，凡是不能持續到死的，都是沒有價值的。最值得羨慕的愛情和婚姻是兩個白髮蒼蒼的老人攜手走在夕陽裡。曾經在中國大陸地區熱播的《金婚》，男人放棄一切和女人在一起，但後面的日子沒覺得有什麼幸福可言，五十年以後感慨一下，有妳真好。眼淚和委屈自動被和諧掉了。其中反應的價值觀：**不管婚姻過程多麼痛苦，撐到老，消停了，能埋在一起就是成功。**

我告訴老外們，現在大眾喜歡的最浪漫的電視廣告鏡頭：男人蒙住女人眼睛，帶她到豪宅前，房產證寫她名字；冰淇淋吃出求婚鑽戒，要大；在澳大利亞黃金海岸舉行婚禮，把親朋好友都運過去見證；要是有私人飛機就更棒了，掛一條橫幅I LOVE YOU……老外被嚇到了。不能怪中國女性太物質，是政治制度沒有給全國人民安全感，頭頂四座大山：醫療、教育、住房、養老，實在浪漫不起來。**浪漫不簡單，浪漫建立在吃飽穿暖有安全感的基礎上。**

如果妳給大眾產品做廣告創意，受眾是三十～四十歲女性，要表現工作老公孩子全搞定的完美畫面；切忌用「四十歲單身女性＋二十八歲英俊男朋友」組合，中國及台灣地區的人們管這叫養「小狼狗」，可以悄悄做，不可以大聲說，因為我們相信那個男人後來一定會離開的。喜歡老女人，除了她錢多還圖什麼呢？注意，妳是在對大眾市場講話，不是精英，要符合大眾的審美情趣。瑪丹娜再厲害，我們還是覺得她可憐，看，只能花錢找年輕的男人了。

鑽石恆久遠，一顆永流傳。這是哪個殺千刀寫出來的，實在是絕！我曾為DE BEERS當過兩年公關經理，成功把中國人傳統的結婚金首飾換成鑽石戒指關鍵有兩點：Diamond is the symbol of love. Diamond is forever. 鑽石是愛的象徵，鑽石恆久遠。中國式的浪漫一定不能離開「永遠」。那時我每天忙著寫一百條鑽戒求婚的方法，向中國消費者普及「求婚」，寫到吐。

結婚鑽戒深入人心，太成功了也麻煩了：人一輩子希望只結一次婚，只能買一次鑽戒。那怎麼行呢？DE BEERS後來又創造了「新生兒鑽石」、「結婚紀念日鑽戒」、「迎接千禧年鑽石」等。針對高收入單身女性推出self-purchase（自購系列），從香港地區開始熱門起來，因為那裡最多高收入三十～四十單身女性無男友。

記得電視廣告是男女在高級餐館約會，旁白說著「吃飯的錢他付，鑽石自己買」。大陸市場概念修改為「鑽石是優秀女人給自己最好的獎勵」……**給妳一百個買鑽石的理由，總有一款合適妳**。我對英國同事們的腦瓜佩服得五體投地，把握消費者心理太精準了。

【麻辣情醫的愛情高招】解惑：麵包與愛情

01 愛情和麵包，都只能跟男人要嗎？

02 無論男人女人，無論貧富，追求幸福婚姻家庭是人類的共同追求，賺錢為了什麼？從小處來講，不就是為了生活的快樂幸福嗎？不就是為了家庭富裕、家人和諧嗎？我們難道需要為了錢去丟棄快樂幸福，去忍受一個不幸福的婚姻？這不是本末倒置嗎？

03 什麼是生活？生活就是一個難題接著一個難題，活著就是勇敢地面對這些難題，一個個去解決，直到生命的終結。流淚是OK的，不過流完了，該做的還是要做。

04 沒有一顆強大的心臟，沒有自己安身立命的經濟基礎，愛情是不堪一擊的。

05 真的碰上一個超有錢的男人，妳敢要嗎？很多女人是不敢要的，自卑、害怕、不安全，駕馭不住有錢男人，當窮人心態的人碰上富人時，是超沒自信的。

06 幸福是什麼？我認為是慾望的滿足。

07 愛情和婚姻有什麼區別？最大的不同：愛情只需要荷爾蒙，婚姻需要充滿信心面對任何挑戰，使婚姻一直往前走。

08 金錢的絕對數值成為現在許多人衡量人的唯一標準，先富起來的一小部分女人擁有了財富，思維卻跟貧窮的女人一樣。

09錢能幫助女人什麼？錢能幫助女人自由！能讓妳選擇結婚或者不結婚，能讓妳充分按照自己想要的方式生活。

10什麼時候才能結婚？你跟對方充分地瞭解並接受真實的對方（最難看、最討厭、情緒最差的時候），你們有信心克服一切困難一直走下去。

11女人越來越獨立，在婚姻大事上就會越來越從容不迫，她喜歡的男人有沒有房子，有多大房子都不是問題。

12結婚不是1＋1＝2，是0.5＋0.5＝1；婚姻生活必定向其中比較平庸的一方傾斜。

13浪漫不簡單，浪漫建立在吃飽穿暖有安全感的基礎上。

第七章　離婚的 100 個理由

幸福的家庭是相似的，不幸的家庭各有各的不幸。

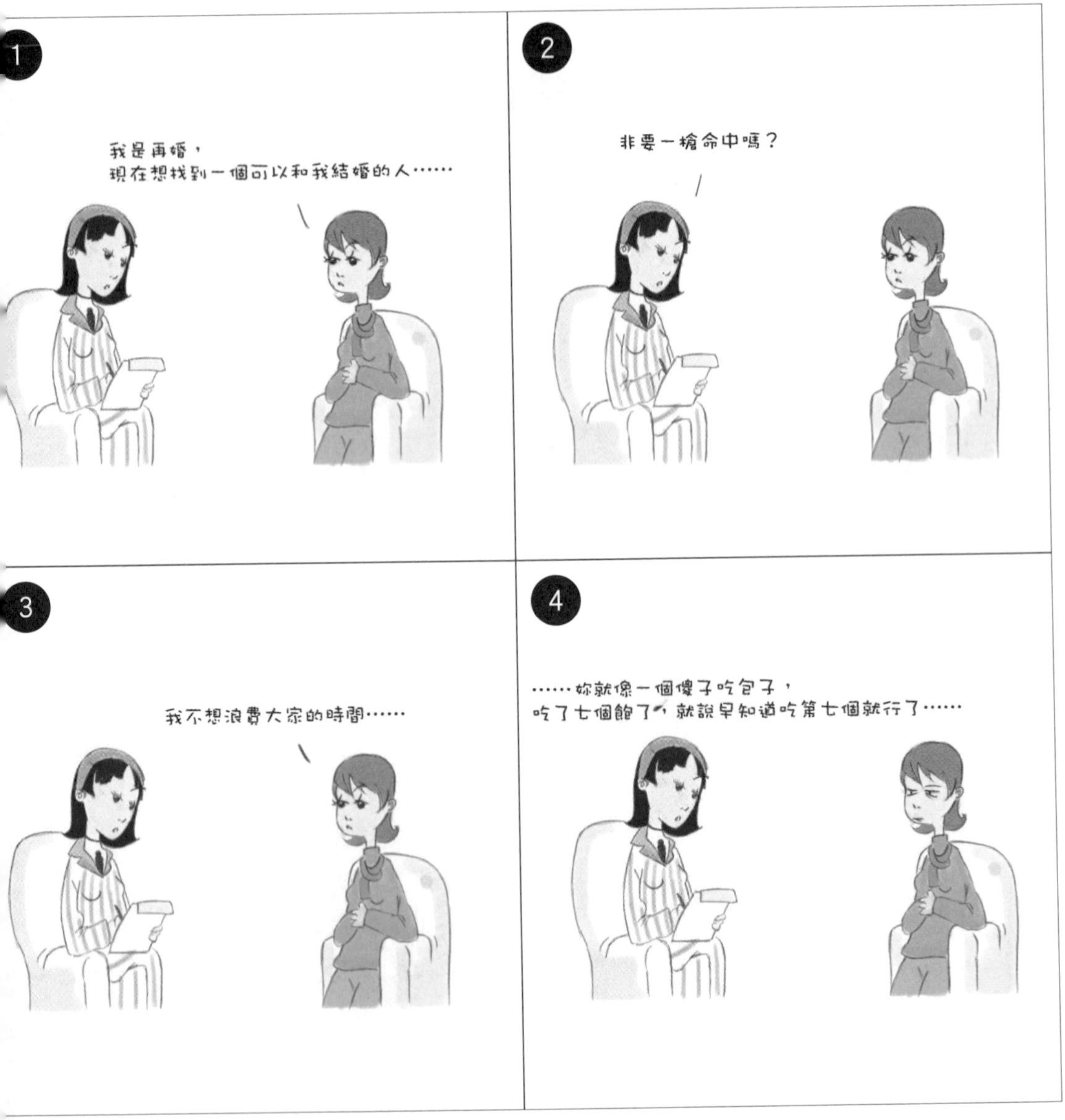
1
我是再婚，
現在想找到一個可以和我結婚的人……
2
非要一槍命中嗎？
3
我不想浪費大家的時間……
4
……妳就像一個傻子吃包子，
吃了七個飽了，就說早知道吃第七個就行了……

01 婚姻保衛戰

幸福的家庭是相似的，不幸的家庭各有各的不幸。我觀察到的導致離婚的原因有以下這些：

第一，界限不清，無原則的退讓，夫妻雙方對「家」的概念不同——珍惜生命，遠離媽媽的好兒子。

來自山東濟南的張琳琳漂亮溫柔，結婚後跟公婆同住，生完孩子後跟婆婆上演奪子大戰，甚至被婆婆打。丈夫完全站在婆婆這邊，不同意搬出去住，因為他認為他不會離開家，他的「家」就是他跟他父母的家，妻子是外人，他是個嚴重的父母依賴者。琳琳採取的是委曲求全的應對方式，直到矛盾激烈離婚。離婚後婆婆不讓她見兒子非常痛苦。**妳被別人對待的方式是妳自己教給別人的。**什麼叫「人善被人欺」？如果妳不反抗，那麼不欺負妳欺負誰？

怎麼反抗？怎麼制訂界限？界限不是用給他人制訂的，是給自己制訂的，界限的意思是：我要求這麼這麼做，如果妳不同意，那麼我就那麼那麼做。說得再通俗一點，就是「做規矩」，人與人之間的相處都需要某種「規矩」，同事之間，上下級之間，父母子女之間，夫妻戀人之間，都需要。**彼此清楚妳我的底線規矩，尊重妳的邊界，我們才能和諧相處。**

用張琳琳來講，她可以明確跟丈夫要求，帶著孩子搬出去住，跟婆婆保持距離，如果丈夫堅決不同意，那麼她就帶著孩子一個人住出去。丈夫同意，說明他跟她對「家」的概念一致；不同意，那麼也能清晰地看到這個婚姻不能維繫。對我的說法，琳琳有點反應不過來，因為這麼強硬的作派不是她所習慣的，她一貫的做人方法就是當「好人」，退讓再退讓息事寧人。**有時候，人還真要當當「壞人」**。

第二，強悍的女人忍受不了不上進的老公、披著女人皮的男人，對男人沒有安全感，只對自己賺的錢有安全感。

黃嬌是北京某雜誌的廣告銷售總監，三十四歲，來自黑龍江。她是單身媽媽，帶著孩子嫁人，但是不肯再生孩子，因為覺得老公不夠上進，後離婚。她收入很高喜歡買名牌，她對男人沒有安全感，只對錢有安全感，對自己賺的錢有安全感。她認為女人自己有錢就不用依附男人，這跟男人的想法一樣。她是披著女人皮的男人！目前她只想談戀愛，不急著結婚。

第三，軟弱的女人相信死纏爛打的男人才是真愛她。

叢延雨在北京開個小花店勉強度日，十年間替前夫還債十幾萬。一開始她得到了男嘉賓的一致同情，楚楚可憐。可是，當主持人接過來她前夫的電話，他依然要求她給個機會的時候，她動搖了。男嘉賓們也看出了端倪，紛紛滅燈。**總有些女人特別願意相信浪子回頭，以為死纏**

爛打的男人才是真愛她。通常這樣的女人對自己的評價很低，認為自己不值得男人愛，不相信有人會愛她，除非男人顯示出一些不正常的面貌——比如，死纏爛打。

第四，叛逆女，用結婚逃離家庭。

二十九歲的金雅來自大陸溫州，一直跟父母關係不好。二十一歲愛上一個帥哥，那人是坊間有名的遊手好閒之徒，父母堅決反對。金雅非常叛逆，堅決跟男人結婚了。在節目現場她向父母道歉。**個性強的女人在青春期會用結婚的方式逃離自己父母的掌控**。

02

向宇宙發出正確的信號

問：離婚後我很痛苦，不知道做為一個三十歲的單親媽媽，帶著幼小的孩子，以後的路怎麼走下去？這個社會還是會歧視單親母親嗎？好男人會介意我嗎？如何走出陰影？

答：看來妳自己首先就很歧視單身母親，所以才會堅定的認為這個社會會歧視單身母親。**妳說的社會具體是誰呢？妳的父母、朋友、同事都歧視妳嗎？妳的工作公司會不要妳工作嗎？恐怕，妳的擔心還是男人吧。**妳定義的「好男人」是什麼意思？妳前夫是好男人嗎？如果不是，妳為什麼會跟他結婚？妳現在是否已經具備了能分辨「好男人」、「壞男人」的能力？

問：我說的「歧視」是指別人的閒言閒語。我選擇了與騙子丈夫離婚，父母好友都很支持我，說錯的不是我，不要為別人的錯誤來懲罰自己。現在手續辦了才一個月，心裡還是充滿了彷徨和恐懼。不想別人（尤其指同事）在我背後指指點點，最不希望的就是大家會覺得我「可憐」。曾經那麼幸福，大家都羨慕的我，轉眼就成了失婚婦人，我暫時沒有勇氣去告知大家這一點。

您說得很對，其實我真正擔心的還是「男人」問題。我說的「好男人」，就是經濟獨立，寬厚忠實，真心待我和孩子，好好一起過日子的男人。只是看到身邊很多四十幾歲男都拋棄髮妻找個二十出頭女的時候，難免有點心灰。現實是否真的那麼殘酷？世界是否真的有公平可言？為什麼壞人在外風流快活，好人卻在暗自神傷？

答：妳說前夫是騙子？看來妳是把他徹底否定了。這也就是妳現在痛苦的原因，雖然妳可以把他定性為「騙子」，但是妳不能否認一個事實——騙子是妳自己選的，而且也曾經覺得很幸福。**很多女人離婚的時候，都把前夫妖魔化，這樣做有一個好處，自己就佔領了道德優勢，成了受害者，而受害者就可以得到父母好友的支持——錯的不是我，不要為別人的錯誤來懲罰自己。**

法律手續上離婚容易，心理上的徹底離婚和康復難。妳現在的彷徨和恐懼都是離婚者很正常的情緒，不要害怕，可以把自己當作某種程度上的「病人」，妳至少需要兩年以上的時間康復。妳的婚姻時間越長，需要康復的時間越長。所以，妳現在的功課不是「如何找到下一個好男人」，而是怎麼從離婚的痛苦中站起來。

想要站起來的第一步，就是認清「我為什麼會離婚」。不要簡單地把原因歸為「我運氣不好，碰上了一個騙子」。**除了真正意義上惡意隱瞞自己的身分、婚姻狀況等實際情況的男人，婚姻中發生了矛盾，包括婚外情，都不能簡單用「騙子」來定義。**人性是複雜的，無論男女，都可能成為妳所說的「騙子」。

我相信妳第一次結婚的時候，想找的也是「經濟獨立，寬厚忠實，真心待我和孩子，好好一起過日子的男人」，妳肯定不想找一個「騙子」。但是，為什麼妳得到了一個「騙子」老公呢？答案只有兩個：他不是騙子；他是騙子，而妳沒有識別的能力。

難道，妳現在就有了嗎？妳顯然沒有這個本事。我常說，最不用急著找老公的，就是離婚有孩的女人，因為生孩子這個跟時間有關的事情，妳已經完成了。下一次婚姻是三十五歲、四十歲、四十五歲、六十歲，都可以；請注意，我這裡說的是婚姻，不是戀愛，**沒有找到合適的男人結婚不等於妳沒有男朋友和性伴侶**。這個觀念對妳來說大概又超前了。不過，不要幻想男人來幫妳養孩子分擔妳的經濟壓力。妳如果是這個目的，他會感覺到的，男人不傻。

妳說「最不希望的就是大家會覺得我可憐」，妳聚焦在「不希望」上，妳不斷提醒自己這一點，這樣就成了「希望」，所以只要同事多看妳一眼，妳就會解釋為「他們在可憐我」。妳在哪個城市？難道在你們那裡，離婚是很少見的嗎？大家會有工夫去可憐一個離婚的女人嗎？親愛的，以前，當妳覺得超幸福的時候，沒有人羨慕妳，那是妳自己的投射。現在，妳離婚了，也沒有人會可憐妳，這一切，都是妳的假設！而妳一旦有了這個假設，妳就會像林黛玉那樣，覺得老媽子罵丫環是罵給她聽的。

我相信，妳身邊更多的是四十多歲男人還跟老婆關係不錯家庭和睦的，妳為什麼專門撿灰色的看呢？答案是，妳需要這些灰色的東西好阻礙自己找到「好男人」的可能！**妳做了一個假設——男人都是壞東西，世界是不公平的，我這樣的好人只能暗自流淚。有趣吧，妳理智上想**

要一個好男人，下意識裡卻告訴自己這是不可能的。因為不可能，因為男人都很壞，所以我找不到錯不在我啊，是這個世界，這個社會太殘酷，太不公平——這就是當一個受害者，當一個「好人」的好處啊！錯不在我，錯在那些壞人騙子。

想要擁有幸福的人生，妳就必須擺脫這種受害者心態，看到自己的問題和責任——這可是妳自己的責任啊，不是哪一個男人的責任。

在妳康復之前，不要急於去找下一個「好男人」，只要還有一點自慚形愧，妳就遇不上好男人。好男人是被妳的魅力被妳的自信吸引來的，不是因為可憐妳來救妳的。我身邊有兩位三十幾歲的女朋友，都是離婚有孩子，後來都找到了好男人（都是初婚且年紀相近）再婚。她們一直都自認是優秀女人，離婚有孩子絲毫不能改變這一點。

03 離婚有小孩的女人不必急著結婚，好好享受戀愛

問：我三十一歲，去年結束了為期三年的婚姻，當法官拿出離婚判決書的時候，我突然覺得好解脫，終於可以做回自己，告別其實並不適合的婚姻家庭。我是一個很有主見的職業女性，我覺得健康持久的婚姻必須是互相影響共同進步的。

離婚後我也經常反省，跟前夫是因人介紹，我一直無法愛他，只是因為他的遷就造成的好感。我承認這樣的結合本身就很危險，離婚後我非常真切的感受到，一定要找到對他有愛他也愛我的人，沒有感情基礎的婚姻很容易在遭遇問題時勞燕分飛。

但我又很困惑，因為離婚帶著小孩，無法用一個未婚女性的標準去要求未來的一半。但正因為如此，我覺得很難邁出第一步，內心會有如下隱約的標準（或許會成為心理障礙）：

第一，長相得要合眼緣（這很抽象，但不外是符合自己內心所偏愛的）；

第二，收入不能低於我（基於離婚帶著小孩的考慮，我是外企管理層，月薪不算低，並不多麼看重錢，如果沒有平等的經濟基礎，似乎很容易產生矛盾，這個問題很現實）

第三，希望對方也是離異，帶著小孩也可以（這個心理或許並不智慧，我也知道不能以是否離異去判斷一個男人是否會珍惜婚姻有責任感，但現階段的我完全不能接受未婚男人，也很

少有未婚男人找我）；

第四，仍然希望對方能主動（這是最讓我自己懊惱的，實際上我也有深刻體會，那種死皮賴臉追求妳的人並不代表真的愛妳，我前夫就是個例子。但因為戀愛經驗甚少，我至今無法跨越這個心理障礙，太主動，男人覺得妳是個離婚帶著小孩的女人，是否更加不會珍惜妳？如果被拒絕是否會很尷尬？）。

因為工作繁忙，無法認識更多的人，我也將自己的資料放在網路上，因為我的外形條件還不錯，工作家庭都不錯，找我的男性還真不少，離異的是大多數，我也看到幾個還貌似不錯的，我們也在即時通上聊過。這種虛擬的方式其實很難去真正看清一個人是否適合自己，但是我無法說服自己主動去給對方一個電話或者一個簡訊。因為我不是交友，我是認真尋找一個能夠共同建立家庭的人生伴侶。但是，我還沒遇到這樣的人。我是否太著急？是否還是放不開自己？是否應該放下一切一切的要求，才能遇到對的人？（因為我本身條件並不差，工作表現優秀，經濟不依靠任何人，需要我放下一切要求真的好難。）

答：如果我沒有猜錯的話，妳僅有的戀愛經驗只是妳前夫？從妳的敘述看，這段婚姻根本沒有愛，是為了結婚而結婚，妳大概是恐懼淪為「剩女」吧。**很多像妳這樣自稱有主見的職業女性，在戀愛結婚這件事上是非常沒有主見的，請允許我不客氣地說或許妳是職場成功女性，但是在愛情上妳是留級生，妳對男人的瞭解非常有限，對男女互動沒有常識，對自己「值**

得讓男人愛」更沒有信心。

妳一方面拿硬條件來告訴自己「我本身條件不錯」；另一方面又覺得自己離婚有孩子是個天大的污點弱勢。妳看似有標準，其實沒有標準。妳前一段婚姻的教訓是——沒有真正的感情，婚姻很難維持，可是妳現在列的那四條，又有幾條是跟真正的感情有關呢？

第一，長相合眼緣：這個要求很對。妳也知道這是心理感覺，沒有什麼可以衡量的標準。其實就是妳喜歡他的感覺，與其說是高矮胖瘦，不如說是氣質是個性的外在流露。

第二，收入不能低於我：妳前夫的收入比妳如何？我猜是差不多或者比妳略高吧。可能產生矛盾的因素太多了，收入只是其中之一，不必刻意放大。**關鍵是兩個人對錢的看法如何，有沒有互相扶持的願望。**

第三，希望對方也離異有小孩：千萬不要用是否有離婚經驗來判斷一個男人是否會珍惜負責，比如妳前夫，難道他經歷了一次離婚就會變得更珍惜和負責嗎？**喜歡妳的男人，不管他是單身還是離婚，他都喜歡妳；不喜歡妳的男人，哪怕他自己離婚一百次了，他也不會喜歡妳。**我身邊的女友，離婚有孩子，後來跟單身男人結婚的好幾個呢，感情都很好。切記，不要用「男人都……」、「女人都……」這樣的思維定勢來考慮問題。

第四，仍然希望對方主動：妳這輩子對男人都沒主動過吧，連暗示和勾引都不會吧。所以我說妳是愛情留級生，當年什麼都不懂，什麼都沒經歷過就直接結婚了。而現在，妳又以結婚為目的，急著奔向下一個目標。我一直說春天該做春天的事情，秋天做秋天的事情，**男女關係**

是門大學問，也需要循序漸進的學習。

妳現在的焦慮來自於目的性太強——找結婚對象。妳現在需要的恰恰是學習交友，學習怎麼鑑定男人，學習怎麼推進感情。妳已經經歷過一次婚姻了，應該明白一張證書保證不了什麼。妳有孩子了，也沒有生育的時間緊迫感了，為什麼不放開心態好好學習談戀愛呢？去尋找感受妳想要的真正的感情。

不要想一槍命中找到下一個結婚對象，妳就能放鬆自己，主動邀請即時通聊得不錯的男人見面談談，多約幾個，先認識交個朋友。百裡挑一，妳得先有百。我經常講的一個笑話：一個傻子吃了七個包子飽了，他說早知道我就直接吃那第七個了，前面六個都是浪費的。妳的前次婚姻就是直接吃第七個包子的結果，現在妳好像還是這樣的取向。

婚戀網站是個好平臺，但是把自己的生活搞得豐富多彩，在生活中遇到合適的男人也很重要。在這點上，離婚跟單身女人沒有什麼不同，妳需要建立自己的社交圈，上班之外妳需要發展自己的興趣愛好，投入活動中，在這些過程中碰到妳的同類。**離婚的男人女人也是人，對感情婚姻的要求跟單身人士沒有什麼不同，妳千萬不要把自己當作打折處理貨。**So，先好好豐富自己的生活，讓自己高興自信起來，就能吸引到對的人。

04 如果妳選擇做天使，他就選擇做魔鬼

問：我三十三歲，結婚六年，兒子六歲，我和老公是中學同學。老公從十七歲就開始在社會打拼，習慣了無人管理照顧，每天在外儼然快樂的單身漢。狐朋狗友聚會不斷，只有一兩個晚上能在十二點以前回家，我的工作性質無法參與其中，偶爾參加也非常不喜歡。

六年婚姻我一直理解寬容，認為他年紀輕玩夠了就會回家的，一再降低他所需要肩負的責任，我並不怕辛苦多付出，只想他能夠正視我的付出，會真心待我。可是結果並不是這樣，因為他不按時回家所引發的爭吵一再升級：辱罵、砸東西，甚至對我動手毆打，而且不只一次。經常嘗試和他進行溝通講道理，但是我和他對人生的看法差異太大，我倆對話就是「雞同鴨講」。記得您在浙江衛視《婚姻保衛戰》曾經說過「如果妳選擇了做天使，他只能選擇做魔鬼了」，真的是這樣嗎？

每次爭執都會歸結於冷戰，而後他會裝沒事人一樣繼續以往的循環生活。婆婆這樣說：「孩子，妳真過不下去就和他離吧，他配不上妳，讓他自己到外面過去，妳一輩子是我們的女兒。」

我真的很為難，公婆待我如己出，兒子非常可愛，這麼小就離開父親，怕他心靈受到傷

害。所以我無數次的忍耐，希望我的善良能打動他，但是最近發展到了最惡化，一次爭執時他酒後撒風對我拳打腳踢。我感覺心碎成渣了，想自私一次和他離了吧，噩夢也該醒了。但是，我父親剛從失去老伴的陰影中走出，怕他不能接受，兒子受到的傷害怎樣彌補呢？

我該怎麼辦？怎樣才能讓老公理解我的心意，給我一個家呢？白天上班還要努力工作，夜晚回家只剩以淚洗面了，如果去看精神科的話，我至少有輕度的抑鬱症了。吳迪老師，給我力量吧，告訴我該怎樣做呢？

答：我的回答就是「如果妳選擇了做天使，他只能選擇做魔鬼了」。在《婚姻保衛戰》裡，這句話其實是坐在我旁邊的陶思璿老師說的。意思是，**如果妳對丈夫的惡習繼續寬容理解下去姑息養奸，他就會成為一個魔鬼**。

《聖經》上說：「不要把聖物給狗，也不要把珍珠丟在豬的跟前，它會踐踏珍珠，轉過來咬妳。」當妳的丈夫第一次打妳的時候，妳做了什麼？妳是繼續理解寬容？妳想避免衝突以愛心來感化他？妳可知道妳越是努力退讓包容，他就越肆無忌憚，各種惡行變本加厲，直到妳崩潰的時候。因為妳的反應傳遞給他的資訊是——他這麼做沒關係，無所謂，妳能容忍，妳拿他沒辦法，他可以繼續這麼混。

捆綁妳的是妳自己強烈的絕望感——「我拿他沒辦法」，妳不曾認識到，妳是個自由的個體，妳有表達和選擇的自由，妳能減輕受他影響的程度，這不是自私，是自愛。**一個人如果不**

自愛，那就不要指望伴侶來愛妳。

不要再拿妳的父親和兒子來當逃避現實的藉口，請告訴我，如果妳的父親看到妳挨打會怎麼想？請告訴我，妳跟丈夫的惡劣關係，難道兒子不知道嗎？看到爸爸毆打媽媽，對孩子來說，難道不是傷害嗎？離婚是對孩子影響不好，但是生活在像你們這樣惡劣的父母關係的家庭，對孩子來說，那才是最大的悲劇！對他以後長大成人結婚都有負面的影響，妳傳遞了最糟糕的資訊給他——我們不能放棄結束痛苦的婚姻，只能受折磨。這種價值觀會導致日後子女恐婚。

怎麼辦？擦乾眼淚，挺直腰板，向妳的丈夫發出「最後通牒」，讓他面對自己的問題，負起自己的責任，明確告訴他妳的要求，如果他做不到，就讓他搬出去，像妳婆婆說的那樣讓他自己出去過。如果他不搬那麼妳搬出去，告訴他妳給他多長的時間做出改變，如果他做不到，那就離婚。妳必須打破被動的惡性循環，不要以為妳只能落入丈夫的行為無能為力，主動權在妳自己手裡，妳早該在他第一次對妳動手時就把他的鋪蓋扔出去，是妳一步步把他培養成一個魔鬼。

有一對夫妻來跟我做諮商，也是跟妳一樣的問題。一味忍讓已經到達崩潰邊緣的妻子終於醒悟，不再讓步。一開始丈夫不相信，因為在他眼裡妻子一向是唯唯諾諾好欺負的，沒想到妻子立場堅定把他趕了出去。一年半後，丈夫改掉了惡習回歸家庭，他們的婚姻走上了正軌。當然，不是所有的夫妻都有這樣的好結局，做好準備如果妳丈夫一意孤行，離婚是妳必須採取的行動。

05 離婚後，孩子怎麼辦？

二〇一一年一整年我在大陸的浙江衛視《婚姻保衛戰》做心理嘉賓，其中很多還有孩子，來應徵的大多數男嘉賓也是離婚有孩子的。每當離婚女嘉賓述說自己是婚姻中的「受害者」的時候，我和另兩位看倌心理專家陶思璿、北京的情感老娘舅王為念就會追問她的「受害」經歷。除了極少數受家暴的，都是夫妻共同導致了婚姻的解體，並不存在「受害者」。

比如丈夫賭博，贏錢的時候妻子並不反對，輸錢了妻子要離婚。常見離婚女嘉賓聲淚俱下控訴丈夫出軌，但是不想思考他為什麼會出軌。誰先出了軌也不是「施害者」的鑑定標準，小三出軌是結果不是原因，婚姻關係壞了才會有小三的，不是反過來。

當年陳凱歌的《無極》遭眾人批評，洪晃奚落得最刻薄並稱他為「前夫」，我一女友一邊看網上新聞一邊撇嘴說：「何必呢，這都是多前的夫了。當年也是真愛過的，積點口德吧。」**離婚女人會不自覺地把自己當受害者，此恨綿綿無絕期**。網路上彙聚了一大批離婚苦主，互吐苦水，越看越鬱悶。如果不能相濡以沫，至少守口如瓶。

每當有人找我做婚姻諮商，我都要求夫妻一起來，因為婚姻是兩個人的事情，一個人來談往往成為控訴會「都是他（她）不好」，而我聽到的版本就是羅生門。每當明星鬧婚變情變，線民都喜歡分成兩派對罵，好像都曾在明星家床底聽過。而事件中喜歡訴苦發言寫自傳披露的那一方（通常是女性）得到的同情分顯然多些。

我有兩位女朋友，離婚後對待孩子的方法令我佩服。一位能帶著現夫＋跟現夫生的兩個孩子＋跟前夫生的一個孩子＋前夫＋前夫現在的妻子孩子，浩浩蕩蕩八個人一起在公園玩，四個同母異父同父異母的孩子都以兄弟姐妹相稱，友好相處。另一位離婚是因為她移情別戀，頂著「壞女人」、「壞媽媽」的名頭離開，女兒十年不肯跟她講話，她堅持去看她。等到女兒二十歲開始戀愛的時候，母女才講和，女兒說，我理解妳了。現夫前妻的女兒跟她自己的女兒一樣大，她一視同仁出資供她出國留學。

離婚有對孩子的前夫妻如何相處，新家庭的孩子和前家庭的孩子怎麼相處，是門大學問。隨著中國離婚率的不斷上升，這是中國人必須學習的新智慧。

06 妳是婚姻中的三夾板嗎？

婆媳矛盾，責任人是兒子；丈母娘和女婿的矛盾，責任人是女兒。矛盾處理不好的家庭，都是當兒子女兒的沒有盡到責任，不做為，自己躲在一邊，任由老人跟自己的老婆老公打架。很多小夫妻的問題是，婚前談戀愛只顧著花前月下一起HAPPY，婚後生活中的鍋碗瓢盆從來沒想過，沒有心理準備。

結婚後沒有意識到已經脫離了原來的父母的家，自己成立了新家，是一家之主，家務嚴重依賴父母，還允許父母隨意干涉自己的家庭，甚至潛意識裡認為只有父母是最親近的家人，老公老婆是外人。所以自己的老公老婆一跟自己的父母有矛盾，就會自動站到他們那邊去，要求自己的配偶忍讓。

有的小夫妻生活自理能力極差，當老婆的一懷孕就把媽媽招來給自己做飯，丈母娘跟女婿不對眼。這種矛盾就是自找的。我也懷孕過，也沒那麼嬌氣要老媽來給我做飯，大概妳跟妳老公都是被寵壞的孩子，你們就不能自己花錢找請人來做嗎？非要妳老媽來給你們做飯。兩個飯來伸手的孩子，結什麼婚呢？當娘的過於寶貝女兒了，做女兒的結婚了還把自己當小孩，什麼屁大的事還要叫老娘來幹。互相毒害。那些老娘五十多歲身體還好，等到六七十了，當女兒的就該哭了，跑醫院都來不及。

問：貌似生活中經常出現的狀況是強勢婆婆和倔強媳婦。遇到相似情況，保持中立算比較明智的做法嗎？

答：不能保持什麼中立，**當兒子和老公的要積極當消防員去滅火，特別要給自己的媽媽定好規矩，什麼是她可以管得，什麼不可以。**盡可能分開住，不要讓她們相處。如果不在一個城市，逢年過節才能見面，媳婦的禮數到了也就夠了，如果在同一城市，老人幫帶孩子，盡量在妳家附近租房給老媽住，距離帶來美感。

問：怎樣和強勢的婆婆相處？

答：忽略她的強勢，以柔克剛，不怕她，不頂撞，用溫和的聲音堅持自己的原則。這個度需要反覆磨練才能把握。

問：如果老公老是幫著婆婆那邊，只要他們說是對的就是對的，我說什麼都是錯的，那我該怎麼做？

答：妳問一下老公，這個家還要不要？是妳跟他成了家，還是妳嫁到他跟他媽的家來了？誰是這家的女主人？

問：我男友的媽媽當著他家十幾個親戚朋友的面，說我是父母沒有教好的女兒，我該繼續還是放棄？男友是個容易受到影響的人，現在的情況下對我也不是很堅持。

答：珍惜生命，遠離媽媽的好兒子。**跟一個獨立成熟的男人結婚，不要找一個還沒有跟媽媽斷奶的男人。**

問：很多人都說婚後和婆婆相處融洽沒有矛盾，但生了小孩之後就不一樣了，矛盾就全都來了。這是為什麼呢？該如何避免呢？

答：因為女人一旦有了孩子，就像剛下了崽的母獸一樣，不許任何人接近。**母愛是獨佔的，嫉妒的，不能有另一個女人來分享。**兩代人對怎麼養孩子、怎麼帶孩子肯定有意見分歧，婆媳最容易在這時期出問題；女人跟自己的母親也會因為孩子打仗，但是畢竟是自己媽媽，吵吵鬧鬧不會太傷和氣。

我自己是婆婆媽媽都不讓她們來帶孩子，我媽很強勢不聽我的，我請了個阿姨，從孩子一出生到現在住我們家七年了，跟親人沒兩樣。好處是，可以管理她。

問：婆媳相處，怎麼才能避開金錢的煩擾呢？當婆婆很在乎錢，覺得他兒子的錢就應該是她的，生怕給娘家一分一毫。

答：關鍵是她兒子的態度？他是怎麼看的呢？你們財務獨立嗎？你們住在公婆家還是自己家？你們結婚用的都是公婆的錢嗎？房啊車啊都是他們給的嗎？如果所有回答都是，那就沒什麼好說的了。吃了別人的嘴軟。

問：和婆婆相處什麼才是既不失親近又可以展現尊敬？

答：**妳不需要愛妳婆婆，只需要尊敬她。**

問：老公要有一天不給婆婆打電話，婆婆就會給他打過來。我只要一問，他就說我不讓他給他媽打電話。有時婆婆也給我打，吩咐誰做飯誰洗衣服該吃什麼等等，煩死了。

答：聽聽有什麼煩的，如果這就是孝順她最簡單的方法，為什麼煩呢？她是太寂寞了，無聊，沒人講話。中國的老人很可憐，一輩子為兒女，等兒女結婚了不需要他們了就很失落。老有所為，老有所樂的老人很少，中科院心理研究所最近的樣本統計，40％老年人有抑鬱情緒。做兒女的，要學一點心理學，懂得聽老人話後面的話。

問：老公被派往國外，短時間回不來。我現在一個人帶著寶寶，還要上班。請保姆不放心，只有請婆婆來幫忙帶。想到要和婆婆單獨生活，覺得很可怕。以前還有老公做擋箭牌，婆婆說什麼做什麼我只當聽不見。現在該怎麼辦呢？

答：當什麼都看不見聽不見，是最壞的方法；好方法是，把婆婆當妳公司的同事去相處，去管理。學會跟她商量，同時堅持自己的想法。同時，馬上請保姆來，這樣過渡半年，妳對保姆放心了，可以讓婆婆回去。

婆媳矛盾，責任人是兒子；丈母娘和女婿的矛盾，責任人是女兒。矛盾處理不好的家庭，都是當兒子女兒的沒有盡到責任，不做為，自己躲在一邊，任由老人跟自己的老婆老公打架。

07

佳侶和怨偶

跟我一起創辦戀愛訓練營的上海 SALSA 舞教父劉忠說，千萬不要和女人講道理，因為她們根本就不講道理，妳講贏了，她不開心，能讓妳開心嗎？妳講輸了妳也不開心，她會開心嗎？**和女人講道理是雙輸的事，何苦要做。做她們喜歡的事，而不是所謂對的事。**從對妳的愛人開始做起，再推至家人和朋友。

不過，真要碰到不講道理的女人，男人也吃不消。某個三十五歲單身女說男朋友跟她分手，臨別贈言「妳太任性」。我說，這就是妳一直單身的原因，三十五歲還任性該有多幼稚。三十五歲女恍然大悟，她確實以為對男人可以像對父母那樣任性。

好的婚姻是兩個「壞人」住在一起，發生什麼事時，一個說：是我不好，我沒有把這個杯子遞到妳手裡。另一個說：是我不好，我沒有接住。兩個「好人」在一起時，一個說：我都遞到妳手裡了，妳還接不住，不是我的錯。另一個說：要遞也要遞好啊，都怨妳。連岳有類似的話，大概是：**老公說養家是我的本份，老婆說你已經做得夠好了，這是佳侶；老公說家都是我養的，妳還要怎麼樣；老婆說，男人養家天經地義，你做得差遠了，這是怨偶。**

有女網友積極發言說，應該「男人先當壞人」、「碰上不好的男人白搭」——凡是喜歡這種思維的，算計誰先誰應該，「我付出了他不付出」的女人男人，都是不可能幸福的。男人女人不都是妳自己選的嗎，戀愛的過程不就是讓妳判斷他（她）是喜歡當「好人」還是「壞人」嗎，一直喜歡說「我沒錯」的人，你選他（她）幹嗎？

【麻辣情醫的婚姻辣評】幸與不幸的選擇

01 珍惜生命，遠離媽媽的好兒子。

02 妳被別人對待的方式是妳自己教給別人的。

03 彼此清楚妳我的底線規矩，尊重妳的邊界，我們才能和諧相處。有時侯，人還真要當當「壞人」。

04 總有些女人特別願意相信浪子回頭，以為死纏爛打的男人才是真愛她。

05 很多女人離婚的時候，都把前夫妖魔化，這樣做有一個好處，自己就佔領了道德優勢，成了受害者，而受害者就可以得到父母好友的支持——錯的不是我，不要為別人的錯誤來懲罰自己。

06 法律手續上離婚容易，心理上的徹底離婚和康復難。

07 在妳康復之前，不要急於去找下一個「好男人」，只要還有一點自慚形愧，妳就遇不上好男人。好男人是被妳的魅力、被妳的自信吸引來的，不是因為可憐妳來救妳的。

08 除了真正意義上惡意隱瞞自己的身分、婚姻狀況等實際情況的男人，婚姻中發生了矛盾，包括婚外情，都不能簡單用「騙子」來定義。

09 喜歡妳的男人，不管他是單身還是離婚，他都喜歡妳；不喜歡妳的男人，哪怕他自己離婚一百次了，他也不會喜歡妳。

10 男女關係是門大學問，也需要循序漸進的學習。離婚的男人女人也是人，對感情婚姻的要求跟單身人士沒有什麼不同，妳千萬不要把自己當作打折處理貨。

11 如果妳對丈夫的惡習繼續寬容理解下去姑息養奸，他就會成為一個魔鬼。一個人如果不自愛，那就不要指望伴侶來愛妳。

12 離婚女人會不自覺地把自己當受害者，此恨綿綿無絕期。

13 當兒子和老公的要積極當消防員去滅火，特別要給自己的媽媽定好規矩，什麼是她可以管得，什麼不可以。

14 跟一個獨立成熟的男人結婚，不要找一個還沒有跟媽媽斷奶的男人。

15 妳不需要愛妳婆婆，只需要尊敬她。

16 老公說養家是我的本份，老婆說你已經做得夠好了，這是佳侶；老公說家都是我養的，妳還要怎麼樣；老婆說，男人養家天經地義，你做得差遠了，這是怨偶。

附錄

附錄

【附錄1】男女關係是生活的一面鏡子

——《時尚 COSMO》雜誌專訪吳迪

COSMO：看妳的部落格，提問者多是女孩子，為什麼？

吳迪：逛部落格的多是年輕人，二十歲到三十多歲，這是男女情感問題集中爆發的年齡層，再加上女人是感性動物，很容易將愛情這事弄得比天還大。

COSMO：愛情在人生中到底重要不重要？

吳迪：愛情像一切生物一樣，有生就有死，誰離了誰都不會活不下去。但是，某一個特定時期，妳會以為愛情就是空氣，沒有它妳會活不下去。其實，**生活本身沒有意義，是妳賦予了它意義。如果妳把生活的意義全定義為愛情，那妳的喜怒哀樂，百分之百就全都被男女關係牽扯著。**

COSMO：心理諮商師到底是個什麼角色呢？

吳迪：傾聽很重要，但心理諮商師絕不只是一個傾聽者。我曾經有過不成功的諮商體驗，不過這也讓我看清一點，如果來訪者只是花錢來哭訴，心理諮商師只是坐在那裡傾聽，對來訪者而言是沒有用的，心理諮商師自己也會沒有價值感。**我要讓諮商者明白，妳花錢到我這裡來**

不是傾訴而是照鏡子，向內看自己。自省的過程是痛苦的，尤其人要透過悲傷的事情照出自己的毛病，是非常難的。而心理諮商師看似在輔導別人，其實是在輔導自己，因為，別人正是自己的一面鏡子。

COSMO：妳曾說，做為心理諮商師，妳最大的作用是讓對方在自述中發現前後矛盾的地方，而不是具體地給出意見？

吳迪：所有心理有困惑的人，在他個人的小宇宙裡，有一環一定有障礙，他不能自圓其說。他既想要這個又想要那個，而兩者是互相矛盾的。我的輔助作用就是挑戰他的認知，讓他意識到這一點。**男女關係絕不僅僅是單純的情愛關係，而是一面鏡子，妳的生活是什麼樣子，妳的情感就是什麼樣子**。我做為心理諮商師，責任不是給來訪者給出意見，給意見沒有用。所以，我不會回答「我該不該離婚」這樣的問題，難道我說該妳就去離婚，我說不該妳就不離？這個問題不是他人可以回答的，我的作用只是幫助妳去反省——我為什麼會碰到這樣的事？我的反應說明了我心裡在想什麼？我的思維和生活方式到底在哪兒出了問題？

COSMO：妳在成長過程中面對的最大困擾是什麼？

吳迪：一個是愛情，再有一個就是功名。年輕的時候就覺得出名要趁早，我認為我活著的意義是要做一些事情，讓世人看見，做事不是為了賺多少錢。隨著職場經驗的累積，收入是水漲船高，但錢一向不是我關注的焦點，我不願意為了錢去做我不感興趣的事。我要做的是我有熱情和能量去發揮的事情，影響別人。

COSMO：妳認為女人的心靈是怎麼成長起來的？

吳迪：過去的十年裡，我慢慢地進入到特別想把更多的時間花在尋找靈性生活上。我一直在尋找一種學習方法和途徑，學心理學，學瑜伽，都是觀心的方法，可以讓自己靜下來。**人的生活分三個階段，物質生活，精神生活，靈性生活**。我現在追求靈性生活，還在探索中，我也試圖告訴所有的人，包括現在還沒有需要的人，我們都需要這麼一個過程，未來，妳也一定會需要的。

COSMO：反觀過去，妳有很大變化嗎？

吳迪：看事情的眼光和角度不一樣了，包括對孩子，對老公，對工作，想法都不一樣了，這種「不一樣」讓我的生活比過去好很多。有時，我跟朋友說，當年咱們怎麼那麼衝動呢？幹嘛要跟人生那些氣，幹嘛要跟人起衝突，然後讓自己那麼難過呢？我現在是老奶奶的心腸，耐心特好。

我內心的這種沉靜真的就是在這兩三年。部落格上有網友說「我都快成妳的信徒了」，我說妳不是我的信徒，我沒有成立一個特別的學說，我也是在學習，如果妳也願意探索「我是誰，我從哪兒來，我要去哪兒」這幾個人類終極問題，妳可以沿著我學習的那些途徑去尋找，妳一定會得到力量。

COSMO：妳有兩個小孩，工作又很忙，會不會感覺到身心疲憊？

吳迪：我生的是龍鳳胎現在一年級，每次下班回家看到他們所有的勞累就一掃而光。我一次也沒因為他們而煩躁過，看著他們，我就覺得是上帝的恩賜。

COSMO：看來妳非常享受做母親的感覺啊。

吳迪：我結婚後就想懷孕，一直沒懷上，求醫問藥了很久，直到三十六歲才生。因為得來不易，所以我特別享受生孩子，我甚至不希望他們成長得太快，陪著他們長大是一件特別開心的事情。我平時坐捷運，看到OL討論家事，比如，二十七八的女孩跟同事說，真矛盾，又想要孩子，又覺得孩子是個累贅，最好孩子一生下來就是十歲。

其實，像這些女孩子，她們的內心還遠不到可以做媽媽的時候。大部分人都是按照世俗的約定，而不是內心的需求在生活。她們覺得，「我二十七歲了，我該結婚了，我三十歲前應該把孩子生了」。她們有很多「應該」，我在心理諮商過程中所要做的很多工作就是打破這種「應該」。

COSMO：做了母親，對一個女人的改變是不是很大？

吳迪：做母親幫助我更多地放鬆和內觀。我以前一直有一個心病，老覺得我長得不夠漂亮，妨礙了很多事。雖然我明明知道不是那麼回事，可是在男女關係中碰到挫折，我還是會不自覺地歸罪於自己長得不漂亮。如果我媽把我生得漂亮一些，如果身材再好一些，如果……外貌一直是我的一個隱痛，包括我老想去減肥，都源於此。生孩子的過程，妳不可能太關注自己，不可能為了身材節食。**最關鍵的是，生了孩子，對一個女人來說，時間就停止了，再也不會老了。**

COSMO：生了孩子，女人就停止長大，這個說法很特別。

吳迪：我是指女人特有的生物鐘，對於一個女人而言，生了孩子就不會再有任何事情是有deadline的。**做為女人，不管妳長得漂亮或者不漂亮，生殖系統的年齡是一樣的。為什麼很多女孩急著結婚，是她的生物鐘在敲。**

自從生完孩子，我的生物鐘不敲了，我特別高興。真的，還有什麼事是需要匆匆忙忙的去做的呢？沒有了，我太開心了。我有一種前所未有的解放感，以前肯定有什麼時候為了迎合男人委屈過自己。現在我再也不用在情場裡打滾，再也不用想我夠不夠女人味，因為妳是孩子的母親，妳的母性和女性不是做出來的，是自然就在那兒的。

COSMO：妳大學學的是新聞，為什麼後來沒有繼續在媒體工作，改行當心理諮商師了？

吳迪：網友看了我關於時政的幾條微網誌，說：哈，情醫評時政也這麼棒。本情醫是新聞出身，高中二年級就在上海《青年報》混中學生記者團。我大學在廈門大學讀新聞和大眾傳播，原來的職業理想是當時政記者，後來轉頭去研究心理和男女了。

我找到了更柔軟的方式實現當初的職業理想，做心理諮商師專攻兩性關係。胡適對北大學生說：爭你們個人的自由，就是爭國家的自由。世界上哪個民主自由國家容忍家暴？哪個發達國家女人二十五歲就怕當剩女？如果一個國家的女人普遍以當小三換LV包為榮，這國家的公民需要什麼民主自由？**男女關係是一國精神的象徵**。

附錄

【附錄2】中國人的「不婚」現象

——《新週刊》專訪吳迪

去年在大陸地區發行的《新週刊》想做一期「不婚」的主題，記者來電話採訪我，我的觀點是「晚婚」、「不婚」、「剩女」都說明了一個事實——我們的日子過好了，基本的物質生活要求都滿足了，自然對感情婚姻有了更高的要求。

《新週刊》：我看妳的部落格裡寫道：婚姻不是每個人必須做的事情。但是每一個人都要學會戀愛。這句話怎麼說？

吳迪：結婚不是每個人此生一定需要做的事情。妳不做怎麼了，就天打五雷轟了？我覺得結婚是需要不需要的問題，而不是傳統認為應該不應該的問題。

但是每一個人都要學會戀愛。現代社會很多人都不會愛了，很多人都類似熱愛金錢卻蔑視、輕視談戀愛。妳可以說現在的人個性張揚，很開放，戀愛成風，性也很氾濫很隨意。但是另一方面我覺得現在的人是很壓抑人性的，怎麼說「在寶馬裡哭泣」都是不煩心的吧。如果可以換得金錢，情愛和性愛都不需要了，所有在感情和肉體上的快樂我們都不需要了，那麼除了金錢慾望之外，把其他的慾望都降低到最低點，這不也是一種極端壓抑的生活嗎？人可以跟一堆錢性交嗎？可以跟人民幣做愛嗎？

愛的慾望是天生的，但是愛的能力是需要學習的，所以才有弗洛姆的《愛的藝術》。大家都習慣用「我愛妳」的方式來愛妳，戀愛中的困惑就在於妳表達愛的方式不是我想要的方式，這就需要學習。

《新週刊》：對我們的前輩來說，戀愛結婚似乎都是自然而然發生的事情，並沒聽說他們要學習哦？

吳迪：不是自然而然，而是不講究。上輩人要求不高、不挑剔，湊合著就過了一輩子了。現在人對戀愛對象太挑剔，或者希望值太高，因此容易失望。

《新週刊》：妳不覺得周圍不婚、晚婚的男人跟女人越來越多嗎？

吳迪：不婚？我沒有覺得現在很多人不婚，都是渴婚得要命。妳看一下身邊四十歲的人有幾個不婚的？很少。

晚婚？我覺得是好事，說明大家物質能力增強了，用不著透過婚姻來達到想要的生活物質水準了。我們就拿80後和50年代生來比，對50年代生來說，在那個年代不結婚，連一張床都沒有。現在80後不需要透過婚姻就能獲得性生活，不需要透過婚姻就獲能得一間房，不需要婚姻可以獲得很多的東西，甚至不需要婚姻妳都可以要一個孩子，在50年代是這不可想像的。**婚姻給人帶來的好處在減少，所以這麼多人會晚婚，就這麼簡單。**

《新週刊》：妳覺得婚姻的本質是什麼？

吳迪：我想大部分人結婚的時候都不會先去想婚姻本質是什麼，再決定結不結婚。大多數是在二十多歲的時候，愛得要死，把結婚看成愛的最高形式，就結婚吧。或者說並不相愛，迫切想透過婚姻改變自己的社會身分和地位，這也是一個很大的理由。

我覺得婚姻包括三個要素：性、感情、利益。結婚十年、二十年之後，婚姻中還有兩個要素存在，這個婚姻就很不錯了。如果只有一個的話可以維持，如果一個都沒有就早點離吧，三要素都具備，這種情況，只在婚姻蜜月期見過。

《新週刊》：哪些人真的不需要婚姻，不合適婚姻？

吳迪：那些自我空間需求特別大的人，比如說有些人不能跟別人共用一個廁所；那些不肯跟任何人做任何妥協的人，比如說為了吃漢堡包還是吃麵條都能跟伴侶吵架的，他們是不需要婚姻的。這些人就是一座孤島，他們的性格太強大了，所以一個人過很好。

《新週刊》：大多數人覺得婚姻就是找個人作伴，那麼一些不婚者如何消解孤獨和寂寞？

吳迪：妳去問一下已婚的人有幾個人是不孤獨的？**孤獨是上帝賜予人最好的禮物，人生來是孤獨，結婚和生小孩都不可能幫助妳去掉孤獨**。孤獨挺好的，為什麼要消除，有時候我都要刻意孤獨一會兒。

到我這裡來做心理諮商的人往往是想逃出婚姻的或者婚姻有苦惱的，他們恰恰覺得在婚姻中感覺很孤獨。我記得中國和國外都做過生活滿意度的調查，調查結果生活滿意度最高的是已婚男人，**生活滿意度最低的是已婚女人，其次高的是單身女人，第三個是單身男人**。

《新週刊》：對一些男人來說，婚姻意味著可以隨時隨地免費享受性生活。沒有婚姻伴侶，這點缺憾如何彌補？

吳迪：免費享受性生活？現在還有男人是這麼認為嗎？哪怕一開始抱著天真想法的男人，一旦踏入婚姻後他會發現婚姻裡「免費的果子」不好吃，沒多久就吃膩了。我剛說的三大元素：性、利益、感情，不管貧富，我們結婚以後最先流失掉的是性的樂趣，對性的滿意度持續降低，這就是人性，所以**婚姻最不能滿足的就是性**。

《新週刊》：不結婚，想生一個孩子怎麼辦？人老了沒伴怎麼辦？

吳迪：不結婚生一個孩子，很多人這麼做了。老伴？老了再找吧。五十歲的時候找一個中老年人來戀愛。

《新週刊》：也許有時候需要幾十年的情感積澱才能心存彼此照顧的愛意和默契？

吳迪：妳的論點已經製造了一個先入為主的觀念——時間越長，感情越好。其實時間也是感情最大的殺手，永遠不要忘記男女之情，男女之性，都是有圖新鮮的成分在，要不然一些男人拋棄髮妻去娶一個新老婆，為什麼？**喜新厭舊是人的永恆特性**。

《新週刊》：未來不婚、離婚的人會越來越多嗎？

吳迪：日本這麼多年來結婚率持續下降，同樣的情況也一定會在中國發生。二〇一〇年北京、上海和廣州的離婚結婚比率已經分別到了39%、38%、37%，80後離婚率幾年後會突破45%，我很有信心。

《新週刊》：妳做為一個已婚婦女，為什麼對離婚率高如此歡欣鼓舞？

吳迪：我有時故意說一下狠話。我是一個誠實的人，我不會去歌頌婚姻很完美，**婚姻不可能完美，我自己的婚姻也不能用「完美」形容，但是我認可它，認可它所有的缺陷，放大它帶給我的所有的好處**。

為什麼現在離婚率這麼高，因為妳有很多選擇。一個女人不結婚也過得挺好的，而在妳媽媽那個年代不結婚會受到很大歧視，可能全家人都會嫌棄妳，因為妳佔了一張原本要讓出來的床。大陸電視劇《貧民張大嘴的幸福生活》，其中就有這樣的情節。在我們父母輩的年代裡，一個男人只要在上海有一個小閣樓，就不愁沒姑娘嫁他。

離婚率高，不婚者多，這說明我們的日子過好了，基本的物質生活要求都滿足了，自然對感情婚姻都有了更高的要求。

國家圖書館出版品預行編目（CIP）資料

我知道妳是怎麼剩下的？ / 吳迪著 . -- 第一版 . -- 臺北市
樂果文化出版 : 紅螞蟻圖書發行 , 2013.03
面； 公分 . --（樂成長 ; 11）
ISBN 978-986-5983-34-5(平裝)

1. 兩性關係 2. 女性
544.7 102003722

樂成長 11

我知道妳是怎麼剩下的？

作者／吳迪
責任編輯／安熚
總編輯／何南輝
行銷企劃／張雅婷
封面設計／鄭年亨
內頁設計／Christ's Office

出版／樂果文化事業有限公司
讀者服務專線／（02）2795-3656
劃撥帳號／50118837 號 樂果文化事業有限公司
印刷廠／卡樂彩色製版印刷有限公司
總經銷／紅螞蟻圖書有限公司
地址／台北市內湖區舊宗路二段 121 巷 19 號（紅螞蟻資訊大樓）
電話：（02）2795-3656
傳真：（02）2795-4100

2013 年 03 月第一版 定價／280 元 ISBN 978-986-5983-34-5
本書由天津華文天下圖書有限公司提供版權支援